Titel der Originalausgabe: Razor-Wire Dharma
erschienen bei Wisdom Publications, Somerville, MA
© Calvin Malone, 2008

Calvin Malone: Freigang
Übersetzung: Rainer Scholz
© Deutsche Ausgabe: Aurum
in J. Kamphausen Verlag &
Distribution GmbH, Bielefeld 2011
info@j-kamphausen.de

Lektorat: Hendrik Bönisch
Umschlag, Typografie/Satz: Wilfried Klei
Covermotiv: photocase – kallejipp
Motiv Innen: © Dirk Czarnota – Fotolia.com
Druck & Verarbeitung:
Westermann Druck Zwickau GmbH

www.weltinnenraum.de

Bibliografische Information der Deutschen Nationalbibliothek

Die Deutsche Nationalbibliothek verzeichnet diese
Publikation in der Deutschen Nationalbibliografie;
detaillierte bibliografische Daten sind im Internet
über **http://dnb.d-nb.de** abrufbar.

1. Auflage 2011

ISBN 978-3-89901-453-2

Calvin Malone

FREI GANG

Warum es sich lohnt, unter allen Umständen BUDDHIST zu sein

Mit einem Vorwort von
Sensei Sunyana Graef

AURUM

Den vier Menschen gewidmet,
deren Begeisterung für dieses Buch
mir den Mut gab, niemals aufzugeben:

Meiner Mutter,
Eleanor Mussen,
dafür, dass sie immer für mich da ist

Sensei Sunyana Graef
für all die Jahre der Unterstützung

Dem Zen-Priester Vanja Palmers
dafür, dass er an mich glaubt

Shane Kellberg
für Treue und Hingabe

Vorwort der Herausgeberin

Vor Jahren sprach ich mit meinem Lehrer, Roshi Philip Kapleau, darüber, ein Opfer zu bringen, dass einem selbst vielleicht schaden könnte, aber auf jeden Fall jemand anderem helfen würde. Ich fragte ihn, was er in einer solchen Situation tun würde. Er praktizierte seit mehr als 40 Jahren Zen-Buddhismus und ich war mir sicher, die Antwort zu kennen – bevor er auch nur ein Wort sagen konnte, platzte ich heraus: „Du würdest sofort handeln, Roshi, ohne darüber nachzudenken!" Er sah mich an und schaute dann zu Boden, ohne ein Wort zu sagen. Eine Minute später antwortete er, sanft und bedächtig: „Ich würde gern von mir behaupten, dass ich das täte."

Die Demut meines Lehrers ist mir im Laufe der Jahre viele Male wieder in den Sinn gekommen, doch niemals eindringlicher als beim Lesen von Calvin Malones Geschichten. Es erfordert Mut und Überzeugung, Entscheidungen zu treffen, die das Wohlergehen anderer über unser eigenes stellen. Diejenigen unter uns, die eine spirituelle Disziplin praktizieren, welche am Bodhisattva-Ideal, alle fühlenden Wesen zu befreien, ausgerichtet ist, hoffen, dass unsere Reaktionen in Zwangssituationen mitfühlend und weise sein werden, selbstlos und liebend. Doch wir wissen nicht wirklich, wie sie ausfallen werden – denn nur wenige von uns kommen jemals in eine Situation, die uns in dieser Hinsicht prüfen würde.

Wie würden wir reagieren, wenn wir einem messerschwingenden Angreifer, einem durchgeknallten Verrückten, einem lügenden Dieb oder einem verzweifelten jungen Mann, der Schutz vor brutalen Schlägern sucht, gegenüberständen? Was, wenn die mitfühlende Entscheidung unsere Bequemlichkeit unterbrechen und uns unmittelbar der Gefahr aussetzen würde? Im Gefängnis, dem einzigen Ort, an dem Calvin jemals dem Dharma begegnete und ihn seither praktiziert, sind das keine hypothetischen Fragen. Deine Sicherheit, dein Wohlergehen, dein innerer Frieden sind hinter Gittern niemals selbstverständlich und deine Reaktion auf eine Situation kann ganz buchstäblich eine Entscheidung zwischen Leben und Tod darstellen – für dich oder für jemand anderen.

Es war mir eine besondere Ehre, mit Calvin bei der Bearbeitung seines Materials für die Veröffentlichung zusammenzuarbeiten. Die Geschichten reichen von der Zeit vor Calvins Haft bis zur Gegenwart und wurden in einem Zeitraum von 15 Jahren in verschiedenen Gefängnissen des Staates Washington geschrieben. Die Berichte in diesem Buch sind wahr, doch die Namen der beteiligten Personen wurden geändert – obwohl sämtliche ausführlich porträtierten Gefangenen Calvin sagten, dass sie sich geehrt fühlten, in dieses Buch aufgenommen zu werden.

Beim Lesen von Calvins Geschichten werden Sie sich vielleicht fragen, wie Sie mit den Herausforderungen umgegangen wären, denen er sich im Gefängnis gegenübersah. Ich habe dies auf jeden Fall getan. Calvin nahm 1992 zum ersten Mal Kontakt zu mir auf und begann wenig später damit, mir seine Aufzeichnungen zu senden. Manchmal waren das Nebenbemerkungen in handgeschriebenen Briefen – „Letzte Woche ist was Komisches passiert" (gefolgt von der Geschichte, die hier mit dem Titel „Apfel" auftaucht) – manchmal waren es sorgfältig getippte Berichte, die allein für sich standen. Ich war von der Kraft und dem Mut der Geschichten überwältigt. Sie waren fesselnd, inspirierend, ehrlich. Oftmals wurde ich dazu bewegt, seine Worte bei Zen-Vorträgen meinen Schülern vorzulesen, und viele seiner Sätze fanden ihren Weg in unseren monatlichen Newsletter und in diejenigen anderer buddhistischer Gruppen. Jede Geschichte war das Geschenk von jemandem, der sich den Dharma wirklich zu Herzen nahm.

Calvin war seiner eigenen Aussage nach ein gewalttätiger und zorniger Mann, als er ins Gefängnis kam. Daher war seine Wandlung, als sie eintrat, umso dramatischer. Gleichwohl ist es nur nachvollziehbar, wenn man sich fragt, ob einige der Situationen, von denen er berichtet, und seine Reaktionen darauf wohl überhaupt wahr sein könnten. Da ich bei keinem der Ereignisse, über die Calvin schreibt, Augenzeugin war, beurteile ich die Richtigkeit dieser Geschichten anhand meiner Bekanntschaft mit Calvin durch unseren jahrelangen Schriftverkehr, einige Anrufe, ein paar Besuche und die Aussagen anderer (in erster Linie buddhistische Lehrer von der Westküste der Vereinigten Staaten), die mehr Gelegenheiten zu direktem Kontakt von Angesicht zu Angesicht mit Calvin hatten als ich.

Doch das überzeugendste Beweismaterial stammt von den zahlreichen Menschen, denen Calvin im Laufe der Jahre geholfen hat und die mir aus vielerlei Gründen geschrieben haben. Brief für Brief legt Zeugnis über Calvins Großzügigkeit und Mitgefühl ab. Ein kambodschanischer Häftling fügte einen Brief seines Anwalts, mit der Nachricht über den erfolgreichen Abschluss seines Verfahrens vor der Einwanderungsbehörde, bei. Ohne Calvins Hilfe hätte er niemals jemanden gefunden, der bereit gewesen wäre, ihn kostenlos rechtlich zu vertreten. Es sind Briefe von vietnamesischen Gefängnisinsassen (die oftmals um Malas oder Bilder des Buddhas baten) eingetroffen, die mit den Worten „Calvin Malone hilft mir bei diesem Brief, da ich Schwierigkeiten damit habe, auf Englisch zu schreiben" beginnen. Da ist ein bewegender Brief von einem jungen Mann, der soeben ein Paket Kleidung und etwas Geld erhalten hatte und schreibt: „Ich schulde Euch ein großes Dankeschön, und ich wünschte, ich könnte meinen Dank zum Ausdruck bringen, doch ich weiß wirklich nicht, wie. So etwas wie das hier habe ich noch nie bekommen." Er wusste nicht, dass die Person, die jenes Geschenk anonym mit großem Aufwand organisiert hatte, Calvin gewesen war; das Paket war lediglich vom Vermont Zen Center versandt worden. Und dann sind da noch die Karten von Calvin selbst, denen Geld beiliegt: „als Spende zur Linderung von Leiden", „um jemanden ins Camp zu schicken",* „eine Zuwendung, um zu helfen" und viele, viele mehr.

....

* „Ins Camp schicken" bedeutet wahrscheinlich, einer Person die Teilnahme an einem Retreat zu ermöglichen, also eine ausgedehnte Praxisperiode in abgeschiedenem Umfeld. Aber es könnte natürlich auch einfach eine Spende für die Teilnahme eines mittellosen Kindes am Sommercamp gemeint sein.

Ein Häftling, Shawn Bayer (der in diesem Buch im Kapitel „Shawn" vorgestellt wird), schreibt:

> *„Anfangs konnte ich kaum begreifen, wie Calvin es schaffte, mit all dem, was er für andere tat, Tag für Tag weiterzumachen. Calvin hat durch sein Beispiel und sein geduldiges Da-Sein einen bedeutenden Einfluss auf mein Leben ausgeübt. Er brachte mir ungeheuer viel bei, sowohl über kleine als auch über große Dinge. Er lehrte mich die Bedeutung von Wissen; er lehrte mich Mitgefühl und Liebe, Treue und Freundschaft und Verantwortlichkeit. Das sind Dinge, über die Jungs im Gefängnis nicht gerne reden, und Calvin lehrte mich auch, dass es in Ordnung war, das zu tun."*

Ein anderer Insasse, Adam Prescot, schickte Folgendes, nachdem er einen frühen Entwurf von Calvins Buch gelesen hatte:

> *„Calvin war so ein guter Freund und hat mir dabei geholfen, einige harte Zeiten durchzustehen. Durch ihn habe ich viel über mich selbst gelernt. In seinem Buch scheint seine Persönlichkeit genau so durch, wie ich sie kenne. Er bringt immerzu Freude und Verständnis ..."*

In einer der eindrucksvollsten Geschichten, „Suppe", ist die Wandlung der Person, mit der Calvin seine Begegnung beschreibt, so erstaunlich, dass ich Calvin darum bat, mir etwas „stützendes Beweismaterial" zu übersenden. Nach kurzer Zeit traf ein Paket mit Briefen ein, die Calvin im Laufe der letzten Monate von Brad (dem jungen Mann aus der Geschichte) und Brads *Mutter* geschickt worden waren. In einem von ihnen schrieb Brad Folgendes:

> *„Ich war wütend auf die Welt, ich war die ganze Zeit zornig, und hatte nichts, was ich erreichen oder verwirklichen wollte. Jetzt habe ich kurzfristige und langfristige Ziele. Ich nehme keine harten Drogen mehr und das soll auch so bleiben. Ich bin sowohl körperlich als auch geistig in der besten*

Verfassung meines Lebens, UND ALL DAS VERDANKE ICH DIR,
BRUDER. Also selbst wenn Du NIE wieder irgendjemandem
helfen solltest, kannst Du immer noch zurückblicken und Dir
sagen, dass Du einem jungen Mann geholfen hast, von dem
die meisten Leute sein ganzes Leben lang behaupteten, dass
ihm nicht mehr zu helfen wäre. Das muss etwas wert sein.
Mal ganz davon abgesehen, dass ich mein GED* bekommen
habe!"

Und das kam von seiner Mutter: „Dein Lichtstrahl und
Deine Worte haben einen Ort in Brad berührt, den ich nicht erreichen konnte! Er hält große Stücke auf Dich. Danke!"

Im Gefängnis geschieht Merkwürdiges. Einige Leute steigen
in die Tiefen der Hölle hinab, doch andere – wie Calvin – gehen im
Gefängnis durch ein Feuer, das ihnen ermöglicht, eine komplette
Wandlung zu vollziehen. Das Ergebnis ist spirituelles Wachstum
und das Aufblühen von Mitgefühl. Calvins buddhistische Praxis
hat ihn dazu gebracht, seine Gedanken, seine Gefühle, seine Handlungen und seine Reaktionen aufmerksam zu betrachten.

Ob wir nun im Gefängnis sitzen oder nicht, wir unterscheiden uns gar nicht so sehr voneinander; es ist vielmehr eine Sache
des Abstufungsgrads als unterschiedlicher Wesensarten. Jeder
unserer Gedanken kann in Emotionen ausbrechen, jede unserer
Emotionen kann in Handlungen aufflammen. Bei den meisten von
uns werden jene Handlungen niemanden physisch in lebensbedrohliche Gefahr bringen. Nichtsdestoweniger setzen wir aus buddhistischer Sicht jedes Mal, wenn wir unseren niederen Gefühlen
nachgeben, unser Leben – unser Leben der Einheit – aufs Spiel.

Obwohl Calvin kein Zen-Lehrer ist, ist er jemand, der den
Dharma ernst nimmt und achtsam daran arbeitet, ihn in sein Handeln einzubinden. Das geht direkt bis ins Mark spiritueller Praxis –
zu lernen, Weisheit und Mitgefühl in unserem täglichen Leben

---

* General Education Diploma, eine Urkunde, die dem Inhaber bescheinigt, dass er über
akademische Fähigkeiten verfügt, die über eine Art zweiten Bildungsweg erlangt
wurden und dem amerikanischen High-School-Level entsprechen.

zu verwirklichen. Die Früchte dieser Arbeit sind zwischen den Umschlägen dieses Buches zu bewundern. Einige der Geschichten sind komisch, einige erschütternd, einige ergreifend. Alle bringen den Dharma als lebendige Wirklichkeit in jemandem zum Ausdruck, der versucht, die Praxis zu leben und nicht bloß darüber zu reden. Das ist wahrer Buddhismus.

Sunyana Graef
Vermont Zen Center
Shelburne, Vermont

Danksagungen

An der Entstehung dieses Buches waren buchstäblich Tausende von Leuten beteiligt: Freunde von Freunden, Familienmitglieder auftauchender Figuren, Lehrer, Schüler, Bewunderer und Kritiker gleichermaßen. Ich kann mich nur bei einer Handvoll von ihnen bedanken, und falls ich irgendjemand Nahestehenden übersehen habe, ist das keine Absicht – doch ich hoffe, Du weißt, dass auch Du daran beteiligt warst, dieses Buch möglich zu machen. Danke Euch allen:

Judy Patterson · Lama Inge · Dharmachari Aryadakha · Ilsang Jackson · Ken & Visakha Kawasaki · Rowan Conrad · Sunyana Graef · Ti'an Callery · Noah Young · Oswaldo Burgos · Dale Crittenden · Clyde Nipp · Dirk McClinton · Brian Lamb · Roy Queen · James „Padma" Pliley · Jacob Meeks · Josh Hobbs · Taigen Henderson · Brian Moore · Jerald Rapali · Victor Vasquez · Randy Robinson · Harvey Talbert · Viet Ngo · Billy Trick · Hung Truong · Keith Schoening · Marc Malone · Jim Bedard · Scott Kobai Whitney · Eido Frances Carney · Dan Bouton · Eleanor Mussen · Vanja Palmers · Shane Kellberg · Richard Sloderbeck · Henry Hodgman · Minh Thach · Steven Baird · Die buddhistische Gefängnisgruppe des AHCC · Jeremy Yeager

Einleitung

„**D**as Einzige, was Dir gehört, und das Einzige, was Du hast, ist Dein Wort. Ohne Dein Wort bist Du bloß ein armer, völlig abgebrannter Häftling." Mit geringfügigen Variationen ist das gängige Gefängnisweisheit. All die Jahre hindurch habe ich versucht, diesem Prinzip, das ich für unumstößlich hielt, zu folgen. Doch ich glaube nicht mehr völlig daran.

Da gibt es andere Sachen, die dir zur Verfügung stehen. Du kannst den Mut und die Beharrlichkeit aufbringen – so wie auch die Hingabe – zu praktizieren. Du kannst die Fähigkeit erwerben, dein Denken und Handeln zu verändern und zu einer besseren Person zu werden. Du kannst so tiefe und bereichernde Freundschaften pflegen, dass Einsamkeit kein Problem mehr darstellt. Du kannst die Kraft haben, innerhalb deiner Umgebung positive Veränderungen zu bewirken, die sich wellenförmig bis über die Gefängnisgrenzen hinaus ausbreiten.

Ich weiß, dass sich das bewahrheiten kann. Doch die Tatsache, dass ich mich im Gefängnis befinde, bleibt, und gelegentlich bricht die nackte Erkenntnis dieser Tatsache beim Aufwachen über mich herein. Eine meiner größten Ängste in der Haft ist, „institutionalisiert" zu werden. Die Art und Weise, in der das Gefängnis jeden Tag in jedem Augenblick die Kontrolle über Zeit, Ort und Raum ausübt, bewirkt, dass man leicht in Selbstgefälligkeit und Stumpfsinn verfallen kann. Ich liege im Bett und weiß, dass ein weiterer zermürbender Tag vor mir liegt. Von den drei aufgetischten Mahlzeiten wird vielleicht, aber nur vielleicht, eine halbwegs genießbar sein. Die große Anzahl psychisch Kranker, die hier inhaftiert sind, wird ziellos umherirren, und ihre Unberechenbarkeit ist eine stetige Quelle der Unsicherheit. Willkürliche Regeln kommen zur Anwendung, wenn ich es am wenigsten erwarte.

Gewalt lauert direkt hinter der nächsten Ecke. Ein weiterer Tag grauer Eintönigkeit wird jede Aktivität begleiten.

Während ich es diesem Gedankenfluss erlaube, sich seinen Weg zu bahnen, werde ich mir schließlich bewusst, wie lächerlich dieses ganze Selbstmitleid ist. Ich bin gesund. Ich bin von der Gewalt auf den Straßen, Autounfällen und anderen Gefahren des Straßenlebens abgeschottet. Ich bin weit entfernt von Kriegen. Ich bin nicht am Verhungern, und ich schlafe gut. Ich erkenne, dass ich es zugelassen habe, mich von der Täuschung überrollen zu lassen – wenn auch nur für einige Augenblicke. Diese Täuschung ist dieselbe, der die Menschen überall unterliegen. Wir legen uns selbst Beschränkungen auf und erschaffen ein Gefängnis, das einengender und gefährlicher ist als das Leben hinter Mauern und Stacheldraht.

Das Meditieren vor meinem Altar verwandelt meine Umgebung in etwas Universelles. Ich spüre, dass ich zusammen mit Millionen von Wesen sitze, ohne die Fesseln der Anhaftung, Abneigung oder einer Vielzahl anderer Leiden. Hier ist der Punkt, an dem alle Hemmnisse und Hürden hinweggefegt werden und Frieden und Freiheit regieren. Das ist der große Nutzen davon, den Dharma im Gefängnis zu praktizieren.

Gleichzeitig kann diese Praxis aber auch ein brennender Schmerz sein. Der Schmerz kommt nicht vom übermäßigen Sitzen vor einem Altar. Es ist der Schmerz, der die Selbsterkenntnis und den aufrichtigen Umgang mit persönlicher Unvollkommenheit begleitet.

Mit der buddhistischen Praxis habe ich kurz nach meiner Inhaftierung begonnen. Mit dem Ablauf jeden Jahres konnte ich tatsächlich tiefgreifende Veränderungen meiner Sichtweise feststellen. Trotz der Umgebung, oder vielleicht auch wegen ihr, wurde ich zu einer mitfühlenderen und verständnisvolleren Person. Immer dann, wenn ich selbst davon überzeugt war, dass ich ein ziemlich gutes Verständnis der grundlegenden Lehren Buddhas hätte, tauchte jedes Mal ein Gefangener oder ein Wärter auf, der als Lehrer einsprang, um mich wissen zu lassen, dass ich gerade erst damit angefangen hatte.

Wie überall sonst auch, gibt es im Gefängnis zahllose Lehrer und endlose Gelegenheiten zum Üben. Wenn du draußen auf eine Situation stößt, die unangenehm ist, stehen dir eine Menge Wahlmöglichkeiten zur Verfügung. Du kannst sie offen und direkt angehen, oder du kannst dich in dein Auto setzen und eine Runde fahren. Du kannst versuchen, sie zu vergessen, indem du dich betrinkst oder andere Drogen nimmst, oder du kannst einen Waldspaziergang machen. Du kannst essen, was immer du magst, oder einen Freund anrufen.

Im Gefängnis finden sich nur wenige Ausweichmöglichkeiten. Gefängnis ist eine schonungslose Art von Erfahrung. Dort gibt es gewalttätige Leute, gewiefte Gauner, die Gutherzigen, die Raubtiere, die Unwissenden, die Ungebildeten, jene, die aufrichtig, und jene, die faul sind. Viele haben ihr Leben aufgegeben und irren einfach nur durch den Tag, auf der Suche nach jemandem oder etwas, der oder das ihnen hilft, den jeweiligen öden Augenblick zu überstehen. Sie laden all ihre Sorgen bei dir ab oder bitten dich um Rat in der Hoffnung, dass du ihre persönlichen Probleme mit einem kurzen, prägnanten Zitat lösen könntest. Ich habe gelernt, den meisten Leuten aufmerksamer und verständnisvoller zuzuhören, aber ich lasse es nicht zu, dass sie mich dazu benutzen, ihre Zeit für sie abzusitzen.

Als die Jahre sich ihren Weg in dieses neue Jahrtausend bahnten, fühlte ich mich vom Ansturm des Leidens um mich herum etwas ausgelaugt. Die steigende Anzahl der psychisch kranken Gefangenen fügte dem unter den Inhaftierten stark verbreiteten Schmerz und Leid eine neue Dimension hinzu. Es ist schwierig, die eigentliche Ursache zu erkennen, weshalb einige Leute hier sind. Dazu kommen noch diejenigen, die von Crystal Meth, Heroin oder irgendeiner anderen Droge abhängig sind, und schon hast du ein Umfeld, das auf vielerlei Ebenen entmutigend wirken kann.

Für Gefangene, die gerade erst mit buddhistischer Praxis begonnen haben, kann die Herausforderung, mit den vielschichtigen Problemen anderer Gefangener umzugehen, unter Umständen unüberwindbar sein. Sie finden es möglicherweise einfacher, dem

Reiz des Fernsehers oder des nächsten Kartenspiels zu erliegen. Erfahrene Praktizierende neigen dazu, einen „Praxis-Kokon" zu bilden, um sich selbst vor den noch Unglücklicheren zu schützen. Auch wenn das eine Methode zur Selbsterhaltung sein kann, hält es gleichzeitig die Praktizierenden von Gelegenheiten fern, ihre Praxis zu vertiefen, indem sie sich auf andere Gefangene einlassen, die Hilfe brauchen und offen dafür sind, sie zu empfangen.

Dieses Buch ist aus meinen Erfahrungen im Gefängnis entstanden und zielt darauf ab, den Menschen buddhistische Sichtweisen zu vermitteln, die daran interessiert sind, ihr Leben zu verbessern – sei es innerhalb oder außerhalb einer Haftanstalt. Ein Gefängnis kann ein erbarmungsloser Ort sein – aber die Welt außerhalb der Gefängnistore kann genauso sein. Wenn wir das Leiden unserer Mitmenschen lindern wollen, müssen wir lernen, wie wir mitfühlend mit allen um uns herum umgehen können – sowohl unseren Freunden als auch Menschen, die uns möglicherweise Schlechtes wünschen.

Meiner Erfahrung nach ist der Dharma-Weg eine Methode, wahres Glück zu erreichen. Ihm uneingeschränkt zu folgen, ist wohl die schwierigste Herausforderung im Leben eines jeden Menschen. Doch der darin liegende Nutzen ist unermesslich. Die Güte, die wir anderen erweisen, dehnt sich in kleinen Wellen endlos durch das Universum aus.

Mögen alle Wesen glücklich sein.

Mögen alle Wesen wohlauf sein.

Mögen alle Wesen Frieden finden.

Den Weg einschlagen

In der Vollzugsanstalt einen Job zu bekommen, ist selbst im günstigsten Fall schwierig. Die meisten Stellen finden sich im Küchen- oder Hausmeisterbereich und bestehen häufig aus Arbeitsbeschaffungsmaßnahmen, wie Zigarettenkippen zusammenfegen oder Tische wischen, die bereits sauber sind. Ein paar Insassen haben das Glück, erstklassige Jobs in der Bildungsabteilung, im Freizeitbereich oder in der Bücherei zu ergattern. Stellen werden nur dann frei, wenn jemand stirbt oder ins „Loch" gesteckt wird, und meistens werden diese Positionen von Lebenslänglichen übernommen. Alle anderen dürfen sich mit Routinejobs abfinden, vor allem die Neuzugänge.

Als ich drei Monate meiner Strafe abgesessen hatte, hörte ich, dass ein Job in der Gefängniskirche frei geworden war, und stürzte mich auf diese Gelegenheit, obwohl ich – so, wie die Dinge lagen – nicht daran glaubte, auch nur die geringste Chance zu haben. Das größte Problem, mit dem ich beim Bewerbungsgespräch konfrontiert werden würde, war das ungeschriebene Gesetz, dass der Kaplan ausschließlich Christen einstellte.

Ich war überzeugter Atheist – ein kleines Hindernis, über das ich bis zum Augenblick des Gesprächs immer und immer wieder nachgrübelte, ohne eine Lösung zu finden. Eine meiner Stärken ist es, mich in Bewerbungsgesprächen gut zu verkaufen. Wenn ich es erst mal so weit schaffe, kriege ich den Job in der Regel auch.

Eine lange Minute starrten der Kaplan und ich uns gegenseitig über einen großen Schreibtisch aus poliertem Holz hinweg an. Er war lässig gekleidet und sah entspannt aus. Seine Brille war ihrer Zeit weit voraus und lenkte mich dermaßen ab, dass er mich auf dem falschen Fuß erwischte, als er schließlich sprach. Er erkundigte sich nach meinen kirchlichen Kenntnissen und meinem Bildungsstand. Er fragte mich, womit ich mir vor dem Gefängnis meinen Lebensunterhalt verdient hatte (ich war Aufseher in einem Warenlager gewesen) und ob ich beim Militär gewesen wäre (ich war ungefähr drei Jahre lang bei der Armee gewesen). Alles leichte Fragen.

Schließlich rückte der Kaplan zum Ende des Gesprächs mit der großen Frage raus: „Sind Sie Christ?"

Manchmal ist das Gehirn irgendwie komisch. In bestimmten Momenten bleibt die Zeit stehen und du spürst, dass du alle Zeit der Welt hast, über eine Antwort nachzudenken. Zumindest spürte ich das damals. Ich wollte um diesen Job nicht buckeln und betteln. Ich wollte nicht lügen und sagen, ich wäre ein Christ. Täte ich das, würde ich gegen meine eigenen Prinzipien verstoßen. Doch mir war klar, dass es keinen Job für mich geben würde, wenn ich ehrlich wäre. Ich blinzelte einige Male und sagte dann ohne zu denken: „Ich bin presbyterianisch getauft worden." Technisch gesehen eine ehrliche Antwort. Der Kaplan strahlte mich an, schlug begeistert mit der Hand auf den Tisch und sagte, ich hätte den Job. Wir besiegelten es mit einem Handschlag, und so begann mein erster Gefängnisjob.

Obwohl meine Pflichten größtenteils Bürotätigkeiten beinhalteten, gehörte zu ihnen auch, Ordnung in die Tausenden von religiösen Büchern in der Bibliothek zu bringen. Die Kirchenbücherei war winzig, mit ungefähr so viel Bodenfläche wie ein Stadtbus. Der Kaplan hielt nichts von der Dewey-Dezimalklassifikation*. Es war ein organisatorisches Chaos. Ich fand nie heraus, was der Kaplan gegen Melvil Dewey hatte. Manchmal gab ich mich der Vorstellung hin, dass Dewey niemals damit rausgerückt war, ob er presbyterianisch getauft worden war oder nicht. Wenn man Deweys System nicht benutzte, war die nächstbeste Option, die ganzen Bücher alphabetisch zu katalogisieren.

Schon bald stellte ich fest, dass bis auf ein Prozent alle Bücher christlich waren – und davon waren im Prinzip alle protestantischer oder fundamentalistischer Darstellung. Eine Handvoll

....

* Von Melvil Dewey entwickeltes System zur Katalogisierung von Büchern in Büchereien.

jüdischer Bücher war ausgesondert und auf dem Boden eines Eck-
regals teilweise versteckt worden. Katholische Bücher auf Spanisch
und Englisch standen im Regal darüber. Bücher der Mormonen,
Wicca, Zeugen Jehovas sowie islamische Schriften wurden in Holz-
kisten oder verschlossenen Schränken aufbewahrt. Falls jemand
jene Bücher lesen wollte, musste er sich zuerst an den Kaplan
wenden. Das taten nur wenige. Wenn Bücher unsichtbar wegge-
schlossen sind und Hindernisse den Zugang zu ihnen versperren,
macht sich niemand die Mühe.

Es war ein Tag wie jeder andere – ist es nicht immer so, wenn ein
einschneidendes Ereignis unser selbstgefälliges Leben erschüttert?

Es war ein Montagmorgen und ich passierte die diversen
Kontrollpunkte zwischen dem Zellenblock und der Arbeit ohne
irgendwelche der üblichen Scherereien. Auf meinem Schreibtisch
hatte sich ein Haufen Arbeit angesammelt. Ich ging die Liste
mit den „Neuzugängen" durch und tippte dann ein paar Ankün-
digungen für religiöse Veranstaltungen. Als Nächstes machte
ich mich an den Stapel von Literatur, der täglich in der Gefängniskirche eingeht. Die Bücherei stand zur allgemeinen Nutzung
offen, doch bloß drei Leute nahmen die ihnen zu diesem Zweck
zugeteilte Zeit wahr. Zwei dieser Männer erkannte ich als Lebens-
längliche und tägliche Stammgäste, die sonst nichts zu tun hatten. Der dritte Typ war neu. Er sah aus, als ob er sich in seinen
frühen Zwanzigern befand und die Gefängnismentalität, die dich
das für die Rolle eines Häftlings notwendige Aussehen und Verhalten annehmen lässt, noch nicht in sich aufgesogen hatte. Mir
war sofort klar, dass er ein Neuling war. Wenn Leute hinter ihm
vorbeigingen, ignorierte er sie immer. Ein alter Hase oder erfahrener Sträfling würde sich aus Reflex leicht zur Seite drehen, um
sehen zu können, ob von der vorbeigehenden Person eine Gefahr
ausginge. Dieser neue Typ benahm sich, als wäre er in einem Buch-
laden im Einkaufszentrum.

Ein „Verzeihung" unterbrach meine Arbeit. Da war er, der
neue Typ, und sah völlig unschuldig und aufrichtig aus. Ich konnte

es nicht vermeiden, zu denken, dass dieser Typ einige dunkle Tage erleben würde, sobald einige seiner Mitgefangenen ein Auge auf ihn geworfen hätten. Er war nicht nur nach Gefängnismaßstäben gutaussehend, sondern auf jene ländliche, adrette, sorglose Art, die Leuten, die eine beträchtliche Zeit im Knast abzusitzen haben, unverständlicherweise tierisch auf den Sack geht. Ungeachtet der Umgebung hatte er eine jugendlich optimistische Ausgelassenheit an sich, die durch meine unfreundliche Fassade drang. Sein Grinsen war ansteckend. Ich musste unfreiwillig lächeln, als ich antwortete: „Dir sei verziehen." Ohne auf meine abfällige Art einzugehen, erkundigte er sich, ob wir irgendwelche buddhistischen Bücher hätten. Sein Anliegen war so aufrichtig und so höflich formuliert, dass ich auf die gleiche Weise antwortete und dafür um Entschuldigung bat, dass wir überhaupt keine hatten.

Dies war der Augenblick, in dem mein Leben sich für immer verändern sollte. In einem der verschlossenen Schränke befand sich eine spärliche Sammlung von Literatur mit dem Etikett „Östliche Religion". Beinahe sämtliche östliche Religionen waren darin auf die eine oder andere Art vertreten, doch es gab nichts über Buddhismus. Als Norman (was, wie ich erfuhr, der Name des neuen Typen war) das nächste Mal in die Bücherei zurückkehrte, zeigte ich ihm die zehn bis zwölf Bücher in der Hoffnung, dass er irgendwas von Interesse fände. Er schaute sich die Sammlung über eine Stunde lang an. Kurz bevor er ging, fragte er dann, ob es möglich wäre, sich Bücher hereinschicken zu lassen.

Ich fragte den Hilfskaplan, ob die Möglichkeit bestände. Von den beiden Kaplanen war er derjenige, der anderen Religionen, die sich von seiner eigenen unterschieden, am aufgeschlossensten gegenüberstand. Er schlug vor, dass wir an buddhistische Organisationen oder Verleger schreiben sollten, um um gebrauchte Bücher zu bitten. Der Kaplan riet uns, nicht zu viel zu erwarten, da andere religiöse Gruppen im Gefängnis das ebenfalls praktisch erfolglos versucht hätten. Trotz dieser düsteren Prophezeiung einigten wir uns auf einen Termin, an dem wir uns zusammensetzen konnten, um einen „Bettelbrief" zu schreiben.

Norman war so hartnäckig, was diesen buddhistischen Kram anging, dass meine Neugier geweckt wurde. Ich fing an, mich durch die staubigen, mit ausrangierter Literatur gefüllten Schachteln zu wühlen, die in einer unbenutzten Besenkammer gestapelt waren. Wie durch Zauberhand fand ich drei Ausgaben der Zeitschrift *Trycicle*. Diese bot ich Norman an, der mir wiederum eine davon zum Lesen gab. Ich machte mir nicht die Mühe. Einerseits mag ich Leute nicht, die mir religiöse Bücher aufdrängen, und andererseits fand ich das, worauf ich einen Blick warf, offen gesagt nicht sonderlich interessant.

Ein paar Tage später tauchte Norman wieder auf. Ich hegte langsam gemischte Gefühle in Bezug auf diesen Typen, der zwar offensichtlich intelligent war, aber allmählich anfing, mir mit seinen Fragen zur Beschaffung buddhistischer Materialien erheblich auf die Nerven zu gehen. Er hatte zwar ein einnehmendes Wesen, aber es wurde von einem gezierten Gehabe, das ich für aufgesetzt hielt, überschattet. Es nervte mich noch mehr, dass Norman zu unserer Planungsbesprechung mit zwei Büchern, die ihm jemand geschickt hatte, aufkreuzte. Eines davon drückte er mir in die Hand und sagte mir geradeheraus, ich sollte es lesen. Währenddessen wartete ein weiterer „Bettelbrief" darauf, geschrieben zu werden.

Das Buch, das Norman mir gab, trug den Titel *Mindfulness in Plain English*.* In meiner Zelle schaute ich es mir genauer an und stellte fest, dass es von *Wisdom Publications* stammte. Ich fand den Namen des Verlages ein wenig anmaßend, und mit dieser skeptischen Einstellung begann ich zu lesen.

Als ich am Ende des ersten Kapitels anlangte, war ich bereits gefesselt! Alles, was ich las, ergab absolut Sinn. Hier war ein Pfad, der mich dazu einlud, nach der Wahrheit zu suchen, ohne blindes Vertrauen von mir zu verlangen. Ich spürte, dass ich dazu eingeladen wurde, einen Weg aus der Unwissenheit heraus zu suchen. Hier war etwas, dass mir die Gelegenheit gab, zu verstehen

....

* Dieses Buch ist noch nicht in deutscher Übersetzung erschienen.

und zu üben, ohne Glauben einzufordern. Alles, was ich in diesem Buch las, schien mich dazu zu ermutigen, logische Schritte in Richtung wahrer Frieden und Glück zu unternehmen.

Als ich das Buch zu Ende gelesen hatte, machte ich Norman im Gefängnishof ausfindig. Ich wollte mit ihm über dieses neue Universum sprechen, das ich entdeckt hatte. Zu meinem großen Entsetzen befand sich Norman im Kraftraum, umringt von vier Sträflingen, die für ihre rassistischen Ansichten bekannt waren. Sie waren Skinheads, die mit dem *Ku-Klux-Klan* und der Gruppe *Arische Nationen* innerhalb des Gefängnisses in Verbindung standen. Ich machte mir gewaltige Sorgen um seine Sicherheit, doch ich hatte keine andere Wahl, als es fürs Erste dabei bewenden zu lassen.

Später setzten der Hilfskaplan, Norman und ich uns zusammen, um über den „Bettelbrief", den ich im Laufe der Woche geschrieben hatte, zu sprechen. Erneut warnte uns der Kaplan davor, zu viel zu erwarten, doch er war immer noch dazu bereit, es uns versuchen zu lassen. Wir trugen mehr als 200 Adressen von den letzten Seiten der *Tricycle*-Zeitschriften zusammen. Unter ihnen befanden sich buddhistische Tempel, Zentren, diverse Sanghas (buddhistische Gemeinden), Verlage, buddhistische Läden und Organisationen. Der Kaplan bot an, die Briefe zu verschicken und Porto und Kuverts mit Kirchengeldern zu bezahlen. Wir verbrachten Stunden damit, Umschläge zu adressieren und zu füllen. Die ersten 60 Briefe wurden noch an jenem Tag versandt und über 180 weitere innerhalb der folgenden zwei Wochen.

Inzwischen hatte ich herausbekommen, dass Norman außergewöhnlich intelligent war. Er ließ mich wissen, dass sein IQ um die 160 kreiste. Außerdem erzählte er mir, dass er schwul war. Norman war bestrebt, mir zu versichern, dass er nicht versuchte, im Gefängnis einen Partner zu finden. Er sagte, dass Frauen nicht umherziehen und Sex mit jedermann haben, bloß weil sie Frauen sind, und Schwule tun dies genauso wenig. Diese Offenbarungen schienen mir nicht von Bedeutung zu sein – ich wollte mit ihm über Buddhismus, über Leben in der Gegenwart und Achtsamkeit reden. Ich wollte wissen, was man tut, wenn man meditiert, oder lieber noch, Techniken lernen. Wir kamen überein, uns an jenem Wochenende im Hof zu treffen.

An dem Tag, an dem wir im Hof spazieren gingen, lernte ich ein wenig mehr über Norman und Buddhismus. Norman war im Umfeld einer Kommune aufgewachsen, einem Lebensstil, der die Ideale von Frieden und Liebe der 1960er Jahre widerspiegelte. Wir redeten an jenem Tag über eine Menge Sachen, doch alles, an das ich mich erinnere, waren seine Bemühungen, mich davon zu überzeugen, dass es am wichtigsten wäre, in der Gegenwart zu leben. Ich kapierte es einfach nicht – konnte oder wollte es nicht kapieren. Ich hielt seinen Erklärungen Fragen entgegen, die das Planen für die Zukunft betrafen. Wenn du für den Moment lebst und die Vergangenheit vergisst, wird deine Zukunft immer und immer wieder mit den gleichen Fehlern gespickt sein. Wenn du nicht vorausplanst, planst du zu scheitern. Das war meine Sichtweise. Norman versuchte geduldig, mir verstehen zu helfen, dass dies die einzige Zeit ist, die es gibt. Er sagte: „Das Gestern ist Geschichte, das Morgen ein Mysterium, und der Augenblick ist ein Geschenk. Deshalb nennt man es auch *präsent* (sein)."*

Ich glaube nun, dass der größte Teil meines Widerstandes gegen das, was er zu sagen hatte, von meinem Widerwillen dagegen stammte, mir von diesem jungen Kerl was beibringen zu lassen (er war immerhin 22 Jahre jünger als ich). Wir stritten ein wenig miteinander, zum Teil sehr hartnäckig, doch nicht so, dass ich die vielen Augen, die uns beobachteten, während wir die Laufbahn entlanggingen, nicht bemerkt hätte. Ich spürte die Gegenwart heraufziehender Gefahr – die gleiche Sorte Gefühl, die man bekommt, wenn sich dunkle, bedrohliche Wolken am Horizont zusammenballen und der Wind sich ändert und stetig auffrischt. Elektrizität lag in der Luft. Ich konnte das Ozon beinahe riechen. *Etwas Böses braute sich zusammen ...*

....

* Anmerkung des Übersetzers:
Leider funktioniert der schöne Sinnspruch „Yesterday is history, tomorrow a mystery, and the moment is a gift. That's why they call it the present." in deutscher Übersetzung nur bedingt.

Norman hatte vom Kaplan die Erlaubnis erhalten, in einem der Nebenräume der Kapelle zu meditieren. Ich war nicht daran interessiert, nichts zu tun, und schloss mich ihm nicht an. Aber ein vietnamesischer Insasse tat es. Alle nannten ihn Lanh. Er war eine ruhiger, liebenswürdiger Mensch, der von Anfang an gut mit Norman auskam. Norman begann sogar, Vietnamesisch mit Lanh zu sprechen. Norman wäre auch in der Lage, das Gleiche mit Leuten zu tun, die Spanisch sprachen; ich nahm an, dass er von Natur aus sprachbegabt war. Norman verblüffte mich ständig. Da saß er auf dem nackten Boden, ein leichtes Lächeln auf seinem Gesicht, neben einem anderen jungen Mann aus einem anderen Land, und beide wirkten so ausgeglichen.

Im Kirchenbüro machte ich mich an die Arbeit, indem ich die Liste der neuen Eingänge durchsah und dann damit begann, die Kirchenpost zu sortieren. In dem Stapel Briefe und Päckchen befanden sich zwei Briefe und vier Pakete, die an die buddhistische Gefängnisgruppe adressiert waren. Der Kaplan öffnete die Pakete und überreichte sie mir. Sie waren voll mit buddhistischen Büchern! Allen möglichen buddhistischen Büchern! Irgendwer hatte eine Schachtel Räucherwerk und farbenfrohe Postkarten mit diversen buddhistischen Statuen darauf beigelegt. Einer der Briefe stammte von Ilsang Jackson vom Zen-Tempel in Ann Arbor, Michigan, der uns seine Hilfe anbot. Der andere stammte von Sensei Sunyana Graef vom *Vermont Zen Center*, die uns wissen ließ, dass Bücher auf dem Weg zu uns waren. Bis zum heutigen Tage halte ich mit diesen beiden wunderbaren Lehrern Briefkontakt. Ich erinnere mich, dass ich an jenem Tag von der Großzügigkeit jener Leute, denen ich noch nie begegnet war, überwältigt war.

Als Norman und Lanh ihre Sitzung beendet hatten, zeigte ich ihnen die Kisten. Wir verbrachten eine wunderbare Zeit damit, jeden Text durchzugehen und aufgeregt Pläne für die Zukunft zu schmieden. Selbst ich ging völlig im Augenblick auf.

Es hat noch niemand eine Kommunikationsform entwickelt, die schneller ist als Mund-zu-Mund-Propaganda im Gefängnis – und in der nächsten Woche tauchten sieben Leute zu Normans Praxis auf, die nun die „Buddhistische Zeit" genannt wurde. Inzwischen waren mehr als ein Dutzend Pakete angekommen, jedes einzelne voll mit Dharma-Büchern. Ein Wunder war geschehen. Die Briefe strömten förmlich herein. Ich fing an, mich ernsthaft mit dieser Religion zu beschäftigen, die Menschen zu derartiger Großzügigkeit bewegte, ohne jegliche Gegenleistung zu fordern. Ich begann, mit der Gruppe zu sitzen, und betrachtete mich mit der Zeit selbst als Buddhisten, wenn auch zu Anfang mit gewissen Vorbehalten. Obwohl ich noch nicht förmlich Zuflucht genommen hatte, bemühte ich mich, mir des Leidens um mich herum bewusst zu sein und dessen, wie ich zu jenem Leiden beitrug. Ich fühlte eine tiefe Verbindung zum Dharma, der allmählich meine Art, wie ich über nahezu alles dachte, veränderte. Innerhalb eines Monats hatten wir 30 praktizierende Leute zusammen.

Es wurden mit jeder Woche mehr und täglich gingen unvermindert Spenden in Form von Büchern, Tonbändern und Räucherwerk ein. Letzten Endes hatte die buddhistische Gruppe schätzungsweise zwischen 15.000 und 20.000 Dollar in Bücherspenden empfangen. Aus diesen großzügigen Akten der Güte entsprang eine buddhistische Gefängnis-Sangha und breitete sich schließlich auf alle Gefängnisse im Bundesstaat Washington aus. Doch das kam später. Die damaligen Ereignisse würden mich schon bald dazu zwingen, zu erforschen, wer ich war und in welche Richtung mich mein Leben führte.

Gefängnisse sind ein Spiegel der Gesellschaft, die sie verwaltet, und stellen einen Mikrokosmos des Lebens außerhalb von Gefängnismauern ohne die Fassade gesellschaftlichen Anstands dar – und Rasse ist ein ständiges Thema. Hebe die Gesetze auf, die dabei helfen, Gleichberechtigung zu wahren, hebe Menschenrechte auf, zerstöre Hoffnung und nähre Verzweiflung, und ich wette, du würdest feststellen, dass eine überraschend hohe Anzahl der Leute außerhalb von Gefängnissen sich genauso verhalten würde, wie es die meisten Gefangenen tun.

Nach Rasse getrennte Gruppen scheinen sich im Gefängnis auf natürliche Weise zu bilden, in erster Linie, um die Überzeugungen der Gruppenmitglieder zu stützen und Schutz vor gegensätzlich eingestellten Gruppen zu bieten. Zu der Zeit, als ich Norman kennenlernte, lebten Männer im Gefängnis nach ihrer Rassenzugehörigkeit zusammen. Jede Rasse hatte einen Bereich in der Kantine. Das war nicht etwas, das den Insassen von den Vollzugsbeamten auferlegt worden wäre; es war etwas, das die Insassen sich selbst auferlegten. Die Vollzugsbeamten sind allerdings auch nicht darauf aus, Einteilungen nach Rassen zu verhindern, sondern benutzen sie als einen Kontrollmechanismus, um „zu teilen und zu herrschen".

Wenn du nicht gerade auf ernsthaften Ärger aus warst, hast du dich zum Essen nicht einfach irgendwo hingesetzt. Zuerst musstest du einen Tisch finden, der dich akzeptierte, und es hatte einer von deiner eigenen Rasse zu sein. Es gab ein kleines Grüppchen mutiger Männer aller Rassen, die einen bestimmten Bereich der Tische einnahmen. Sie waren die ganz seltenen Ausnahmen – und das war die Gruppe, zu der es mich hinzog. Ich lehnte es ab, mich am täglichen Drama des Rassenhasses zu beteiligen. Die Leute, mit denen ich mich einließ, waren diejenigen, die bereit waren, massivem Druck Stand zu halten und sich nicht den Idealen der Masse zu beugen. Trotzdem kann man den unberechenbaren Gewaltausbrüchen, die dicht unter der Oberfläche jedes beliebigen Tages schwelen, nicht entrinnen.

Als ich eines schönen Frühlingsnachmittags mit Freunden im Hof spazieren ging, genoss ich es, die Sonne nach der langen Winterkälte zu spüren. Wir hingen einfach nur auf und ab, quatschten über nichts Besonderes, rissen Witze über das miese Essen, unsere Leben, unsere missliche Lage, spielten unsere Situation herunter. Die bunte Mischung unserer Gruppe beeindruckte mich: ein Mexikaner, ein Asiate, zwei Weiße, zwei Schwarze – die einfach nur waren. Ich weitete meinen Blick, um den übrigen Hof zu erfassen. Eine große Gruppe von Mexikanern spielte Fußball. Eine Gruppe von Indianern ging an uns vorüber. Doch plötzlich wurde mir klar, dass irgendwas nicht stimmte. Zuerst dachte ich, es wäre das Fehlen der Schwarzen, auf das ich aufmerksam geworden war, bis mir einfiel, dass in der Sporthalle, die weit vom Hof entfernt lag, ein Basketball-Turnier im Gange war. Dennoch breitete sich ein unbehagliches Gefühl um mich herum aus.

Wenige Augenblicke, bevor es geschah, bemerkte ich die ungewöhnlich hohe Anzahl von „Bikern" und Rassisten, die sich entlang der Wand versammelten, in der die Telefone installiert waren. Dort standen Dutzende von Männern in einer Reihe von der Länge eines halben Football-Felds. Innerhalb der Dauer eines Fingerschnipsens erscholl ein Aufschrei, und die Schreie schwollen zu einem Crescendo an, bis deutlich der einheitliche Ruf „White Power" zu hören war. Staub verschleierte die Szenerie, als Gebrüll und angsterfüllte Schreie diesen Ausruf von Hass und fehlgeleitetem Stolz durchbrachen.

Meine Freunde und ich befanden uns im entferntesten Winkel der Laufbahn, als der Zwischenfall losbrach. Während wir uns dem Handgemenge zuwandten, wusste ich immer noch nicht, was los war oder warum, als plötzlich ein junger, schmächtiger Typ aus der Staubwolke hervorbrach. Die Blutspritzer standen ebenso im Kontrast zu seinem T-Shirt wie seine schwarze Haut. Er wich nach rechts aus, doch in jener Richtung gab es weder einen Ausweg noch Hilfe, und er änderte sofort den Kurs. Im Zickzack durch die Menge laufend, blickte er sich verzweifelt um in dem Versuch, einem unsichtbaren Angreifer zu entkommen. Dicht hinter ihm tauchten aus dem zähen Staub, einer abscheulichen Kreatur aus einem billigen Horrorfilm gleichend, drei große Männer auf, die ihn verfolgten. Derjenige mit dem hüftlangen Haar und sein korpulenter Partner gaben die Jagd schon bald auf und verschwanden zurück in der Staubwolke und Menschenmasse entlang der Wand.

Eine kaleidoskopische Sicht der Szene schien mir in gebrochenen Segmenten durch den Geist zu rauschen. Mir fiel auf, dass auf dem gesamten Hof weniger als zehn Schwarze waren. Bloß den Bruchteil einer Sekunde lang fragte ich mich, was das hier wohl ausgelöst hatte. Ich betete, dass der junge Kerl nicht in meine

Richtung rennen würde, als ich sah, wie er auf den Kraftraum zulief. Seine Verfolger waren dabei, ihn einzuholen, und er schien es zu wissen. Der verängstigte Insasse schlug abrupt einen Haken nach rechts und rannte auf mich zu.

Plötzlich und unwillkürlich änderte sich meine Sichtweise. Ich wurde berechnend, reagierte aus meinem Selbsterhaltungstrieb heraus. Ich wusste, die beiden würden innerhalb weniger Sekunden nahe an mir vorbeikommen. Ich weigerte mich, wegzulaufen, da ich wusste, dass ich so oder so zum Ziel werden könnte – jedes Anzeichen von Schwäche würde die Wut des Mobs in meine Richtung lenken. Das Einzige, was ich tun konnte, war, der Gewalt entgegenzutreten. Das Blut auf dem T-Shirt hielt meine Aufmerksamkeit gefangen, bis ich dem jungen Mann in die Augen schaute. Sie waren vor Angst und Resignation geweitet. Wenige Schritte, bevor er mich erreichte, wandte er sich scharf nach links. Von diesem Manöver überrascht, lief der Mann, der ihn verfolgte, weiter auf mich zu. Er schrie: „Komm her, Nigger." Seine Augen waren wild und sein Schwung trug ihn auf mich zu.

Ich fing an, langsam in seine Richtung zu gehen und dabei laut genug zu sprechen, um gehört zu werden. „Ich erinnere mich an dich", sagte ich, wobei ich mein Gesicht zu einem Lächeln zwang, um das Selbstvertrauen des Angreifers zu erschüttern. „Wir haben vor ein paar Tagen Volleyball gespielt, und weißt du was? Du bist nicht sonderlich sportlich. Du bist eigentlich nicht einmal sonderlich hart." Das Messer in seiner Hand sah eher nach einem Eispickel aus, doch ich konnte deutlich das Blut darauf erkennen. Ich zeigte ihm mit einem breiten Lächeln die Zähne. „Komm her", lud ich ihn sehr freundlich ein. Er hielt mit einem verwirrten Gesichtsausdruck an, als erwachte er aus einer Trance. Ich hatte nicht vor, ihn den Angreifer sein zu lassen, während ich mit meinem sinnlosen Gelaber fortfuhr und mich dichter auf ihn zu bewegte. Einer meiner Freunde versuchte, mich am Hemd festzuhalten, doch ich machte mich los und redete dabei weiter. „Oh, komm her, Baby, ich bin nicht irgend so ein junger Bursche wie der, den du angestochen hast. Ich hab da was für dich." Er zauderte, während ich mich noch dichter auf ihn zubewegte.

In dieser explosiven Situation konnte ich sehen, wie sich mehrere Dinge zur gleichen Zeit ereigneten. Zwei Schwarze hatten es in den Gewichte-Bereich geschafft und schwangen nun stählerne Hantelstangen, mit denen sie die Masse von Rassisten im Zaum hielten. Solange sie jenen Bereich kontrollierten, verringerte sich die Wahrscheinlichkeit, dass der Rest von uns zu Tode geprügelt würde, enorm. Ich bemerkte außerdem, dass sich die Aufseher entlang der gesamten Mauer oberhalb von uns sowie um die Wachtürme herum formierten. Ich machte einen weiteren Schritt nach vorn, bis mich nur noch ein knapper Meter davon trennte, irgendwas anderes tun zu müssen, als nur zu reden. Da fing ein Aufseher an, Warnschüsse abzugeben. Die Männer begannen sofort damit, sich zu zerstreuen. Zu meiner Linken öffneten sich die Türen zum Gefängnishof und Scharen von Aufsehern strömten herein. Der Mann mit der improvisierten Stichwaffe drehte sich um und rannte. Nun hatten drei Schwarze Hantelstangen und einer von ihnen griff die Gruppe von Weißen an, die von den Aufsehern weggeschoben wurde. Schüsse fielen, während Staub und trockenes Gras aufgewirbelt wurde. Meine Freunde und ich bewegten uns weiter vom Mittelpunkt des Geschehens fort und tiefer in die Ecke des Hofs.

Die Aufseher auf der Mauer zeigten auf einzelne Personen, sodass die Beamten auf dem Boden allen, die an dem Aufruhr beteiligt waren, Handschellen anlegen konnten. Ich dachte, ich würde ebenfalls weggeschleppt werden, doch in unserer Ecke wurden wir nicht beachtet. Um fünf Uhr an jenem Abend waren die meisten von uns immer noch auf dem Hof, als sie damit anfingen, uns in Gruppen von jeweils neun Mann herunterzuführen. Wir wurden erst abgetastet und gingen dann vom Hof auf den offenen Vorplatz. Dort mussten wir uns ausziehen und wurden noch einmal gründlich durchsucht. Schließlich wurden wir in unsere Zellen geführt und eingeschlossen.

Das Abendessen wurde an jenem Abend um acht serviert, und zwar etagenweise. Normalerweise werden die Mahlzeiten nach

Gefängnisblöcken ausgerufen – erst geht die eine Seite in die Kantine, dann die andere, auf jeder Seite 272 Mann, 68 Mann pro Etage, bei vier Etagen pro Seite. Doch an jenem Abend riefen sie immer nur eine Etage auf einmal zum Abendessen. Danach schlossen sie die Männer wieder ein und riefen die nächste Schicht von 68 Mann. Es dauerte mehrere Stunden, bis alle gegessen hatten. Aufseher waren auf einem Laufsteg in der Kantine postiert, sie alle trugen Gewehre. Der einzige halbwegs friedliche Ort, an den man sich zurückziehen konnte, um den Spannungen zu entkommen, war die Kirche. Ich war dankbar dafür, einen Ort zu haben, an dem ich mich während der Einschluss-Phase aufhalten konnte, solange die Verhältnisse angespannt blieben.

Nach dieser Sache sah ich Norman eine Zeit lang nicht, und wenn ich ihn sah, dann bei den Praxis-Sitzungen. Er war nicht der fröhliche Typ, der er früher gewesen war. Stattdessen war er verschlossen und still. Er sprach kaum mit mir und verschwand direkt nach der Praxis, ohne wie zuvor bei den Büchern zu verweilen oder sich zu unterhalten. Ich vermutete, dass die anhaltenden Spannungen zwischen den Rassen ihm Angst einjagten. Mir jedenfalls machten sie Angst.

Einige Wochen nach dem Aufstand war ich gerade mit dem Essen in der Kantine fertig, als einer der Jungs an meinem Tisch aufstand und Norman sich dort hinsetzte. Ich erschrak. Nachdem ich mich umgesehen hatte, um festzustellen, wer uns zusah, wandte ich mich ihm wieder zu und bemerkte, dass sein Gesichtsausdruck ängstlich und verzweifelt war. Noch bevor ich irgendwas außer „Hallo" sagen konnte, brach er in Tränen aus. Die beiden anderen Männer am Tisch murmelten, sie müssten gehen, und machten sich auf. Norman trocknete seine Augen mit einer Papierserviette, entschuldigte sich, und sagte, dass er ernsthafte Probleme hätte.

Er erzählte mir, dass nach dem Aufstand einige Skinheads an ihn herangetreten wären und ihn davor gewarnt hätten, mit irgendwelchen von dem Dreckspack rumzuhängen. Sie sagten ihm, er bräuchte ihren Schutz, und versuchten, ihn dazu zu bewegen, in ihre Zellen umzuziehen. Sie waren sogar so dreist, zu ihm zu sagen, dass sie ihn als ihre „Schlampe" haben wollten. Norman zitterte, als er mir das erzählte. Ich schaute zur „arischen Abteilung" der Kantine herüber. Niemand schien seine Aufmerksamkeit auf uns gerichtet zu haben. Da ließ Norman die Bombe platzen. Er sagte, er wüsste, dass ich bloß einen Zellengenossen hätte, und wollte wissen, ob er in meine Zelle einziehen könnte. Angesichts seiner Zerbrechlichkeit wollte ich nicht geradeheraus „Nein" zu ihm sagen. Stattdessen fragte ich ihn, ob er schon mit einem der anderen Mitglieder der buddhistischen Gruppe gesprochen hätte, der ebenfalls noch Platz in seiner Zelle frei hatte. Norman sagte mir, dass er das bereits getan hätte und zurückgewiesen worden war, weil er schwul war. Da ich nicht in der Lage war, mir eine brauchbare Ausrede auszudenken, versuchte ich es mit dem Naheliegendsten und sagte, es gäbe keine Zellen mit gemischten Rassen und es würde eine Gefahr für uns alle darstellen, wenn das geschähe. Tränen begannen ihm übers Gesicht zu laufen und ich war mir ganz sicher, dass er nicht einfach nur verzweifelt war, sondern dass ich seine letzte Chance darstellte. Ich nahm ihm sein Eindringen in mein Leben übel und konnte bloß denken: „Willkommen im Knast, Junge."

Er flehte mich an und sah mir dabei direkt in die Augen. „Ich habe drei Möglichkeiten, Calvin. Mit den Ariern zu leben und für meine Sicherheit mit Sex zu bezahlen, in Schutzhaft zu gehen, wo alles sogar noch einengender ist, seine Zeit abzusitzen, oder bei dir einzuziehen." Ich sagte nicht Nein. Das konnte ich nicht. Doch ich versuchte, mich drumherumzudrücken, indem ich ihn wissen ließ, dass es nicht meine alleinige Entscheidung wäre. Mein damaliger Zellengenosse, Ted, war ebenfalls an der Entscheidung beteiligt, wer einziehen konnte.

Ted war ein außergewöhnlicher Mann, hochgradig motiviert und ruhig, mit einem breiten natürlichen Lächeln, das aus einem ausdrucksstarken schwarzen Gesicht hervorstrahlte. Er hatte mehrere Schwarzgurt-Grade in diversen Kampfkunstarten inne. Wir kamen extrem gut miteinander aus, doch ich war mir nicht sicher, wie er auf Normans Bitte um Asyl reagieren würde. Um aus der unbequemen Lage, in der ich mich befand, herauszukommen, versprach ich Norman, Ted so früh wie möglich zu fragen. Er dankte mir und verließ dann resigniert die Kantine.

Ted war auf der Zelle, als ich nach dem Mittagessen dort eintraf. Ich sprach die Sache mit Normans Einzug an. Er überraschte mich mit seinem Kommentar: „Cal, Du bist der Zellenälteste hier im Haus. Wenn du glaubst, dass es das Beste für ihn ist, geht das für mich in Ordnung." So einfach war das also. Ich machte Ted darauf aufmerksam, dass es Schwierigkeiten geben könnte, weil einige der namhaftesten Arier im Gefängnis wollten, dass Norman in ihre Zellen einzieht. Wiederum zuckte Ted nur trocken mit den Schultern und fragte mich, ob das meine einzige Sorge wäre. Ich dankte ihm für seinen Beitrag und ging zur Arbeit.

Eine Stunde später tauchte Norman in der Bücherei auf. Er beachtete mich nicht und begab sich zum buddhistischen Schrank, der mittlerweile vor Büchern überquoll. Da er offenbar in das, was er tat, vertieft war, wartete ich bis nach dem Meditieren, bevor ich ihm davon erzählte, dass Ted nichts gegen die Vorstellung hatte, einen weißen Typen bei uns einziehen zu lassen. Ein Lächeln der Erleichterung brach auf Normans Gesicht aus. Er erinnerte mich daran, dass ich zur Hälfte weiß war und Ted nichts gegen jene Hälfte hatte. In der Absicht, seiner Erleichterung und Freude einen Dämpfer zu verpassen, erinnerte ich ihn daran, dass der der Einheit vorstehende Wachtmeister den Umzug bewilligen musste. Ich war noch nicht allzu besorgt, denn die Entscheidung lag nicht mehr in meinen Händen und höchstwahrscheinlich würde man den Umzug nicht bewilligen.

Ich war überrascht, als der Wachtmeister dem Umzug umgehend zustimmte.

Unter fassungslosen Ausrufen und Protest aus einigen der Zellen trug Norman seine Habseligkeiten eine Etage tiefer zu meiner Zelle hinunter. Ansonsten bekam keiner von uns mit irgendwem auch nur ein einziges Problem wegen unserer integrierten Zelle.

Unser Wohnarrangement funktionierte besser als erwartet. Ted und Norman kamen gut miteinander aus. Die beiden trainierten heimlich gemeinsam. Zurschaustellungen von Kampfkünsten in jeder Form, einschließlich Tai-Chi, sind streng verboten. Ted brachte zwar uns beiden diese Kunstform bei, aber Norman war derjenige, der sie aufsaugte wie ein Schwamm. Unser Leben in den Grenzen der kleinen Zelle war so angenehm, wie man es sich nur wünschen oder erhoffen konnte.

Eines Nachts weckte mich etwas auf. Irgendwas stimmte nicht. Ich lag in der Dunkelheit und versuchte, die Traumgebilde aus meinem Geist zu wischen. Das Leuchtzifferblatt der Uhr zeigte mir, dass es 2:30 Uhr morgens war. Schlagartig wurde mir klar, was nicht stimmte. Es waren keine Geräusche zu hören. Normalerweise herrschte ein andauerndes Summen von Unterhaltungen, Musik, Fernsehern und sogar gelegentlichen Rufen, die durch den Zellenblock schallten. Die Uhrzeit machte dabei selten einen Unterschied. Lärm ist im Gefängnis ein ständiger Begleiter. Es war der fehlende Lärm, der mich aufweckte. Die Totenstille machte mir Angst. Was könnte wohl alle zum Verstummen gebracht haben? Die Antwort kam nur allzu bald. Ein durchdringender Schrei zerriss die Nacht und ließ mich hochfahren. Ihm folgte ein weiterer und dann noch einer. Die Schreie wurden zu Schluchzern und ich konnte eindeutig eine Stimme vernehmen, die jemanden anflehte, aufzuhören. Ein verzweifelter Hilferuf, und danach hörte ich deutlich: „Oh Gott." Dem folgte weiteres Wimmern und Weinen.

Es war Geoff. Ich war ihm im Vorjahr in der Vollzugsanstalt in Shelton begegnet. Wir aßen zufällig zusammen und lernten uns auf die gleiche Weise kennen, wie es Fremde tun, wenn sie sich auf einer langen Bus- oder Bahnfahrt begegnen. Er war ein verängstigter junger Kerl, der versuchte, so aufzutreten, als hätte er das Leben im Griff. Ich mochte ihn zwar genug, um mit ihm zu reden, jedoch vergaß ich ihn, sobald ich nach Walla Walla verlegt wurde.

Nachdem Norman mit Ted und mir zusammengezogen war, tauchte Geoff in der Anstalt auf. Ich sprach mit ihm und versuchte, ihm so viele Informationen über den Laden zu vermitteln, wie ich nur konnte. Bedauerlicherweise bekamen ihn innerhalb von drei Tagen nach seiner Ankunft die Arier in die Finger. Sie packten ihm den Kopf voll mit düsteren Warnungen vor Gefahren, die angeblich von Schwarzen und Hispanos ausgingen. Sie boten ihm Schutz an und etwas, wo er sich „dazugehörig" fühlen konnte. Sie schüchterten ihn so sehr ein, dass er aufhörte, mit mir zu sprechen, und mit „den Jungs" rumzuhängen begann. Dann hörte ich, dass ihm angeboten wurde, in einer Zelle auf meiner Etage, die lediglich drei Tore weit entfernt lag, zu wohnen. Jene Zelle beherbergte Big Phil, der dafür berüchtigt war, gewalttätig gegenüber Wehrlosen zu werden und sie sexuell zu missbrauchen. Ich steckte in der Zwickmühle. Wenn ich Geoff zur Seite nahm und versuchte, ihn davon abzubringen, dort einzuziehen, würde ich mich damit selbst in große Gefahr begeben. Dann wäre das bequeme Dasein, an dessen Einrichtung ich so gewissenhaft gearbeitet hatte, zerstört. Ich redete mich vor mir selbst auf alle möglichen Arten raus und unternahm nichts. Nun hörte ich das Ergebnis. Phil vergewaltigte gerade Geoff.

Als ich so dalag, konnte ich spüren, wie sich Schweißtropfen auf meiner Stirn bildeten. Mein Herz pochte so laut, dass ich es hören konnte. Ich schaute hinüber zum doppelstöckigen Bett neben mir. Das Licht, das von außerhalb der Gitterstäbe in die Zelle fiel, machte es leicht, zu sehen, dass beide – Ted und Norman – wach waren, beide lagen auf dem Rücken, beide starrten nach oben. Wir konnten Geoff wieder und wieder aufschreien hören. Schließlich wurden die Geräusche leiser und immer gedämpfter. Normans Stimme zerschnitt die Stille: „Das hätte ich sein können", sagte er. Ich konnte sehen, dass er weinte.

Als ich so dort lag, fühlte ich mich wie ein Feigling. Ich hielt mir selbst vor, dass ich nicht eingeschritten war, als ich die Gelegenheit dazu gehabt hätte. In jenem Moment veränderte ich mich. Auf einmal sah ich all die gemeinen, bösen, lieblosen Dinge, die ich je getan hatte. Es war überwältigend. Selbst Erinnerungen an das Zertreten von Ameisenhaufen kamen mir in den Sinn. Ich dachte daran, wie oft und auf welche Art ich anderen Leid zugefügt hatte. Ich war nicht der nette Kerl, für den ich mich hielt. Diese Erkenntnis brach mir das Herz.

Mich selbst ohne die täuschende Staffage zu betrachten, die Stolz, Unwissenheit und Selbstsucht erschaffen hatten, war schmerzhaft, und mich stieß ab, was ich sah. Das Wort Schock reicht nicht aus, um meine Reaktion zu beschreiben. Ich fühlte Verzweiflung ob der Erkenntnis, dass vieles von dem, an das ich glaubte, mit Makeln behaftet war. Scham überwältigte mich, als ich mich wegdrehte und mein Gesicht im Kopfkissen vergrub. Ich weinte hemmungslos.

Als die Aufseher am nächsten Morgen die Zellen zum Frühstück aufschlossen, lief ich hastig raus und die Etage runter zu Geoffs Zelle. Er kam gerade heraus, hatte Würgemale am Hals und unter seinem Kiefer einen leichten blauen Fleck. Phil schlief, während wir die Etage entlanggingen. Ich fragte Geoff, ob er in Ordnung wäre. Er blickte nach unten und nickte und schlurfte von mir weg. In jenem Augenblick schwor ich, künftig alles zu tun, das in meiner Macht stand, um nicht weiterhin eine Quelle des Leidens zu sein. Ich schwor, immer einzuschreiten, ganz egal, welche Gefahr für mich bestehen würde. Ich schwor, zu tun, was ich konnte, um den Bedürftigen zu helfen. Manchmal scheitere ich – und kann nur immer und immer wieder versuchen, zu vermeiden, die Quelle weiteren Leidens zu sein.

Mittlerweile versuche ich, einen Schritt weiterzugehen, und eine Quelle der Hoffnung und des Glücks für diejenigen zu sein, die zu sehr von Sorgen und Trauer geschwächt sind, um Freude in diesem Leben zu finden. Und indem ich das tue, finde auch ich Glück.

Norman wurde kurz danach in ein besseres Gefängnis verlegt. Ich spürte seinen Abschied schmerzlich. In der Zeit, in der wir zusammen gewesen waren, hatte ich wesentlich mehr gelernt, als ich jemals erwartet hätte. Ich meditierte und folgte einem völlig neuen Weg. Meine Sichtweise hatte sich verändert, da ich die Welt mit anderen Augen betrachtete. Die Eigenschaften, die mir als Jugendlicher anerzogen wurden, der im Nachkriegsdeutschland aufwuchs, umgeben von ausgebombten Gebäuden und Menschen, die zu kriegsmüde waren, um unfreundlich zu sein, wirkten als fruchtbarer Boden, in dem Norman die Samen des Mitgefühls pflanzen konnte.

Vor einer Weile wurde Norman aus dem Gefängnis entlassen und bat mich, ihn anzurufen. Wir redeten miteinander, als wäre die Zeit dazwischen nie vergangen. Wir redeten miteinander, wie nur beste Freunde miteinander reden können. Er arbeitete in einer guten Stellung und verdiente ein hervorragendes Gehalt. Er war glücklich und dankte mir dafür, ihm geholfen zu haben, seine Haftstrafe zu überleben. Manchmal vermisse ich ihn schrecklich. Es war hart, meinem ersten Lehrer auf Wiedersehen zu sagen.

Der Abgrund

Mein Vater, Enkel eines ehemaligen Sklaven, wurde in eine große verarmte Familie im ländlichen Südkalifornien hineingeboren. Meine Mutter wurde in München geboren und wuchs in einer Familie auf, die von Komfort und Kultur umgeben war. Während des Zweiten Weltkrieges wurde die Familie meiner Mutter praktisch ausgelöscht, zusammen mit all ihren Besitztümern. Mein Vater hatte sich gegen Kriegsende beim Militär verpflichtet, und in jener Zeit begegneten sich meine Eltern und heirateten.

Mein Bruder Marc und ich wurden in München geboren. Während ich im Deutschland der Nachkriegszeit eine Menge Aufmerksamkeit empfing, schien mein Bruder immer hinterherzuhinken. Während unserer gemeinsamen Jahre in der Schule kannte man Marc immer nur als „Cals kleinen Bruder". Als wir zum ersten Mal in Amerika eintrafen, war es zu Anfang schwierig für unsere gemischtrassige, Deutsch sprechende Familie, sich auf die gesellschaftlichen Ungleichheiten und die rassistische Haltung in einem Staat, der als das Land der unbegrenzten Möglichkeiten und Freiheit gepriesen wurde, einzustellen.

Was die Sache noch komplizierter machte, war, dass wir zu Hause eine Sprachbarriere hatten. Mein Vater sprach nur Englisch. Mein Bruder und ich sprachen nur Deutsch. Meine Mutter sprach Französisch, Deutsch und Englisch. Einfache Begebenheiten wie das Abendessen wurden dadurch oft zu aufwendigen Inszenierungen, nach denen meine Mutter völlig erschöpft war. Bei einem dieser denkwürdigen Abendessen fragte mein Vater, als wir uns zum Essen hinsetzten, wie bei uns allen der Tag gelaufen wäre. Ich fragte meine Mutter, was mein Vater gerade gesagt hätte. Sie sagte mir, er hätte gefragt, wie unser Tag gewesen wäre. Mein Vater fragte daraufhin, was ich gesagt hätte. Meine Mutter erklärte ihm, dass ich mich nach seiner Frage erkundigt hätte. Als all das geklärt war, bat ich meinen Vater, mir den Kartoffelbrei zu reichen. Er bat meine Mutter, ihm zu übersetzen, was ich gerade gesagt hatte. Sie sagte es ihm, und schon tanzten wir die nächste Runde Sprachtango. Nach kurzer Zeit war ich zwar dazu in der Lage, Englisch zu verstehen, hatte aber Probleme damit, richtige Sätze zu formulieren. In den meisten Fällen war es außerordentlich schwierig für mich, mich verständlich zu machen.

Eines Tages kam eine Nachbarin zu Besuch und brachte eine Tüte Marshmallows mit. Sie erzählte mir, dass sie köstlich wären und alle amerikanischen Kinder sie lieben würden. Ich hatte natürlich nicht vor, anders als alle anderen amerikanischen Kinder zu sein, also schob ich mir begeistert eins dieser riesigen schwammigen Dinger in den Mund. Nun bist du höchstwahrscheinlich mit Marshmallows aufgezogen worden und den Geschmack und die Konsistenz gewohnt.* Ich würde sogar so weit gehen, anzunehmen, dass das Gefühl und der Geschmack eines Marshmallows bei dir vertraute Kindheitserinnerungen wecken. Einen solchen Vorteil hatte ich nicht.

Dieses Ding in meinen Mund war *grauenhaft*. Die Nachbarin, die meinen Ausdruck des Entsetzens mit schierer Entzückung verwechselte, bot mir daraufhin eine ganze Schüssel dieser widerlichen Monster an.

Sobald mich niemand mehr beobachte, nahm ich mir die pampige, abscheuliche Substanz aus dem Mund. Da ich die freundliche Frau nicht enttäuschen wollte, aber unbedingt etwas gegen das furchtbare Zuckerwerk unternehmen musste, stopfte ich es unter die Couch. Mein Plan war es, sämtliche Marshmallows auf diese Weise loszuwerden und später, wenn niemand mehr in der Nähe sein würde, die unter der Couch versteckten schwammartigen Dinger einzusammeln und wegzuwerfen.

Die Nachbarin fragte mich, ob ich die Marshmallows hätte. In meinem gebrochenen Englisch teilte ich ihr mit, dass ich etwas

---

* Mittlerweile dürfte dies wohl auch für einige deutsche Leser gelten, wobei diese Passage natürlich eher auf das amerikanische Publikum zugeschnitten ist.

Derartiges noch nie zuvor gekostet hätte. Darüber freute sie sich sehr und brachte daraufhin jede Woche eine gigantische Tüte vorbei, um mir meine Eingliederung in die amerikanische Gesellschaft zu erleichtern. Leider vergaß ich, dass die Marshmallows sich unter der Couch anhäuften. Ich hatte wirklich vorgehabt, diese Dinger wieder hervorzuholen und in den Müll zu werfen. Meine Mutter entdeckte die Unmengen weißen Zeugs, als ihr auffiel, dass die Ameisen versuchten, sich mit unserer Couch aus dem Staub zu machen.

Die Schule war eine völlig andere Welt. Für mich war sie ein Ort, an dem ich andere Kinder beobachten konnte. Die Jungs in meiner Klasse sprachen oder spielten nie mit mir, und jedes Mal, wenn ich ein oder zwei seltene Worte sagte, war die Reaktion hemmungsloses Gelächter. Ich war froh darüber, alle glücklich zu machen. Wenn ich jemanden sah, der traurig wirkte, fing ich an, mit ihm zu reden. Das löste immer eine Reaktion aus; zumindest war er dann nicht mehr traurig. Einige Kinder hatten Spitznamen, und auch mir gaben sie einen – da wusste ich, dass ich dazugehörte. Die Kinder in meiner Schule gewöhnten sich also endlich an mich. Sie zeigten auf mich und lachten, ich winkte zurück und lächelte, und das brachte sie noch mehr zum Lachen.

Zu Hause fragte mich mein Vater, ob ich mittlerweile besser in der Schule zurechtkäme. Ich versicherte ihm, dass alles absolut perfekt liefe und ich allmählich beliebt würde, denn die Kinder hätten mir einen neuen Spitznamen gegeben. Mein Vater fragte mich, was mein neuer Name wäre, wobei er einen Bissen Kuchen zu sich nahm. Ich erzählte ihm, dass die Kinder mich „Nigger" nannten – woraufhin mein Vater sich verschluckte und den Kuchen durch die Gegend prustete. Ich sagte ihm, dass Milch zu trinken beim Kuchenessen hilft.

Mit zunehmendem Alter fand mein Bruder Marc es immer unmöglicher, eine Beziehung zu irgendetwas oder irgendwem aufzubauen. Ich versuchte, ihn dazu zu ermutigen, mir bei dem Gesellschaft zu leisten, was mir Spaß machte, doch abgesehen von den kalifornischen Rotholz-Wäldern hatte er an der freien Natur nie so eine Freude wie ich. Die wenigen Aktivitäten, auf die er sich einzulassen versuchte, machten ihm keinen Spaß, und er wurde nie von anderen akzeptiert. Da wir gemischtrassig waren, waren wir enormem Druck ausgesetzt. Jeder von uns ging damit anders um. Meine jüngere Schwester Joan hatte eine Zeit lang massive Probleme, doch sie schaffte es, sie zu überwinden und sich ihren Weg zu einem glücklichen Leben zu bahnen. Ich ging selig durchs Leben wie der Kaiser ohne Kleider, mir dessen unbewusst, dass ich anders war, bis irgendwer mir das mitteilte. Marc fraß alles in sich hinein, wurde still und zog sich zurück.

Wie viele junge Menschen, die es nicht fertigbringen, von Gleichaltrigen angenommen zu werden, fand Marc Gesellschaft bei Drogen und Alkohol. High zu sein gab Marc das Gefühl von Trost und Akzeptanz, nach dem sich jeder sehnt, und versorgte ihn mit einem Trugbild von Zufriedenheit. Doch es hielt nie lange an. Er benötigte immer größere Mengen Drogen und Alkohol, um seine Sinne abzustumpfen. Doch sie hielten seine Probleme und seinen Stress lediglich so lange im Zaum, bis ihm wieder nüchterne Momente greller Wirklichkeit entgegenschlugen.

Wenn ich jetzt darauf zurückblicke, kommen mir hundert Dinge in den Sinn, die meine Familie, die Gesellschaft oder ich für Marc hätten tun können. Doch zu jener Zeit sah niemand von uns voraus, wo seine Sucht schließlich hinführen würde. Wie Millionen von Leuten, die Menschen nahestehen, die von Drogen und Alkohol abhängig sind, fühlten wir uns hilflos und hofften, es würde sich dabei bloß um eine vorübergehende Phase handeln.

Nach der High School ging ich zur Army und nach Übersee. Gegen Ende meiner Stationierungszeit verpflichtete sich auch mein Bruder. Er wurde rausgeworfen, noch bevor ich entlassen worden war. Sein Drogenmissbrauch war so schlimm geworden, dass selbst die Army, in deren Reihen Drogen- und Alkoholprobleme weit verbreitet sind, ihn nicht mehr dulden konnte.

Als ich nach Beendigung meines Dienstes meinen Bruder sah, war ich schockiert. Er wirkte älter, als er war, und schien noch tiefer in seinen zerstörerischen Suchtmustern festzustecken. Meine Eltern versuchten, ihn zu unterstützen, doch auf lange Sicht ermöglichte ihm diese Unterstützung lediglich, noch tiefer in seine Drogenabhängigkeit abzurutschen. Meine Eltern waren mittlerweile geschieden. Marc blieb bei dem einen oder dem anderen Elternteil, bis er jeweils dessen Gastfreundschaft überstrapaziert hatte. Die einzige Freude in seinem Leben war es, high zu sein. Es schien keinen Ausweg zu geben. Mein Bruder war dazu entschlossen, noch tiefer im Abgrund drogenbedingter Verzweiflung zu versinken.

Ich hatte selbst ernsthafte Probleme. Während meiner Zeit beim Militär war auch ich von Drogen und Alkohol abhängig geworden. Obwohl ich es schaffte, ehrenhaft entlassen zu werden, machte meine Abhängigkeit von Heroin und Alkohol meine Erfolge kurzlebig und meine Wut explosiv. Sie zerstörte mein Leben. Ich griff all jene, denen etwas an mir lag, verbal und körperlich an und verletzte sie. Ich suchte Zuflucht in Kindheitsgefühlen und versuchte, mich an die Illusion der Vollkommenheit zu klammern, an die ich mich erinnerte. Auf meiner Suche nach jener magischen Glückseligkeit wurde ich egozentrisch. Nichts half. Ich fühlte, wie ich selbst härter wurde und mich in Stein verwandelte. Im Zuge dessen verletzte ich viele Leute und trieb mich aus dem Gefängnis, das ich mir selbst erschaffen hatte, in dasjenige aus Betonziegeln und Stacheldraht, in dem ich jetzt sitze.

Nach meinem ersten Jahr im Gefängnis verdiente ich mir das Privileg eines EFV (kurz für *Extended Family Visit*, auf Deutsch: ausgedehnter Familienbesuch). Diese Besuche unterscheiden sich von den üblichen Besuchen, da der Gefangene enge Familienangehörige in speziell dafür eingerichteten Apartments bei sich übernachten lassen kann. Das ist eine der wenigen Gelegenheiten, bei denen der Häftling nicht unter Beobachtung eines Aufsehers, einer Kamera oder irgendeines anderen Überwachungsgeräts steht. Das bietet den Familienmitgliedern die Gelegenheit, privat zusammenzukommen und die gegenseitige Gesellschaft zu genießen, wobei sie selbst gekochtes Essen miteinander teilen können, das frei vom Beigeschmack des Gefängnisses bleibt.

Als ich erfuhr, dass mir der EFV bewilligt worden war, rief ich sofort meine Mutter an, um ihr die Neuigkeit mitzuteilen und einen Termin auszumachen. Während unseres Gespräches klang meine Mutter ungewöhnlich atemlos und schien vor Begeisterung schier zu platzen. Auch wenn ich die Aufregung, die den bevorstehenden Besuch umgab, zu schätzen wusste, schien ihre Reaktion doch unverhältnismäßig zu sein. Ich fragte sie schließlich, was los wäre. Sie sagte, sie hätte wundervolle Neuigkeiten und würde sie mir mitteilen, wenn sie mich während des EFV besuchen käme. Ich versuchte, es aus ihr herauszubekommen, doch sie gab nicht nach. Es brachte mich zum Lächeln, zu hören, wie glücklich sie war. Ein Dutzend Möglichkeiten kamen mir in den Sinn, doch keine davon schien zu passen. Ich würde ein paar Monate warten müssen, bevor ich es herausfände.

Ihr Besuch war unsere erste Begegnung, seit ich ins Gefängnis gekommen war, und er war sowohl freudig als auch stressig. Es war wunderbar, meine Mutter wiederzusehen, doch da ich mich vor dem Besuch einer eindringlichen Leibesvisitation und peinlich genauen Untersuchung unterziehen musste, fand ich es schwierig, dafür in Stimmung zu kommen, mich in einem nicht gefängnisartigen Umfeld unter Leute zu begeben.

Wir sprachen über das Neueste aus der Familie und über meine persönlichen Habseligkeiten, die entweder verkauft oder eingelagert werden mussten. Wir bereiteten zusammen ein Essen zu und quatschten über alles Mögliche, doch sie rückte einfach nicht mit den „aufregenden Neuigkeiten" heraus. Am Abend hielt ich es nicht mehr aus und flehte sie an, mir davon zu erzählen. Mit einem breiten Lächeln erzählte mir meine Mutter, dass sie dabei war, ein Haus zu kaufen. Für unsere Familie war das eine riesige Sache. Wir hatten an verschiedenen Orten auf der Halbinsel Monterey (Kalifornien) und in Europa gewohnt, da die Army meinen Vater alle drei bis vier Jahre an einen neuen Ort versetzte. Wir wohnten in Militäreinrichtungen oder zur Miete. Wir konnten es uns ohnehin nicht leisten, ein Haus zu kaufen. Ich freute mich wahnsinnig und war von dieser unerwarteten Nachricht sehr überrascht.

Meine Mutter erzählte mir, dass sie in der Zeitung eine Anzeige für eine Wohnsiedlung, die an der Küste von Oregon gebaut wurde, gesehen hatte. Sie hatte sich danach erkundigt und bekam daraufhin Broschüren zugesandt. Ein Außendienstmitarbeiter kam vorbei, um ihr die Details darzulegen. Nachdem sie darüber nachgedacht hatte, fand meine Mutter, dass sie sich es finanziell nicht leisten könnte. Pat, der Mann, der sich um den Verkauf der Grundstücke kümmerte, versuchte, ihr dabei zu helfen, einen Vertrag im Rahmen ihrer Möglichkeiten auszuhandeln. Er schlug ihr vor, das Haus, das zuerst gebaut werden sollte, zu kaufen, und es der Agentur zu gestatten, jenes als Büro und Beispielhaus zu nutzen, bis alle Häuser verkauft wären. Als Gegenleistung würde meine Mutter das Haus zu einem ermäßigten Preis erhalten und ein kleines Grundstück kostenlos dazubekommen. Meine Mutter fand das mehr als fair und beschloss, sich näher mit dem Unternehmen zu befassen, das die Siedlung erbaute.

Sie nahm Kontakt zu Staatsbeamten aus Salem in Oregon auf und brachte so in Erfahrung, dass eine Genehmigung für den Bau kommunaler Wohnungen erteilt worden war und dass Bauarbeiten im Gange waren, um Straßen sowie die Wasser- und Stromversorgung anzulegen. Sie fand außerdem heraus, dass die Beteiligten finanziell abgesichert waren. Sie rief Pat in seinem Büro an und fragte ihn, ob sie sich das Grundstück anschauen könnte. Es wurden entsprechende Vereinbarungen getroffen, und sie fuhren zusammen zum Standort außerhalb von Lincoln City. Entlang eines Hangs mit Blick auf einen See und die bergige Küste krochen dort Lkw und Bulldozer die Baustelle hinauf und hinunter. An anderen Stellen wurde vermessen und begutachtet. Es waren bereits Parzellen abgesteckt und zu den meisten Grundstücken waren auch schon asphaltierte Straßen gelegt.

Pat sagte meiner Mutter, wenn sie das Geschäft abschließen wollte, könnte sie sich ihr Grundstück jetzt aussuchen und sie würden nach Portland zurückkehren, um dort den Vertrag aufzusetzen.

Meine Mutter wanderte auf dem Bauplatz herum, erklomm den Hügel und sah sich um. Sie kam zu einer Parzelle, auf der eine große Kiefer stand und die eine tolle Aussicht auf den See bot. Das war es! Pat lächelte über ihre Wahl und redete dann mit einer Gruppe von Männern, die in der Nähe arbeiten, wobei er auf meine Mutter und die kleine Liegenschaft auf dem Hügel deutete.

Als sie nach Portland zurückgekehrt waren, traf sich Pat mit meiner Mutter und einem Vertreter ihrer Bank. Sie gingen zusammen den Vertrag durch. Meine Mutter würde etwa ein Drittel des Kaufpreises anzahlen. Ein weiteres Drittel würde bei Fertigstellung des Hauses fällig. Der Rest sollte durch angemessene monatliche Raten finanziert werden, bei denen meine Mutter sich zutraute, sie aus ihrem festen Einkommen begleichen zu können. Die Anzahlungen sollten aus einer Erbschaft kommen, die sie von ihrer Tante aus Lohr in Deutschland erhalten hatte.

Kurz bevor sie mich im September besuchen kam, hatte meine Mutter die erste Anzahlung geleistet und den Grundriss für ein Haus mit drei Schlafzimmern abgesegnet. Obwohl es nach den meisten Maßstäben recht bescheiden war, reichte es für unsere Familie locker. Zudem bot das Grundstück noch genug Platz für einen Garten.

Beim EFV teilte mir meine Mutter zufrieden mit, dass sie nun einen Ort hätte, an dem Marc wohnen könnte. Auch für mich wäre genug Platz da, wenn ich aus dem Gefängnis kommen würde. Zu guter Letzt schien es nun doch ein Zuhause für unsere Familie zu geben.

Marc kam aus Indiana herbei, um meiner Mutter bei den Vorbereitungen für den Umzug zu helfen. Es gab viel zu tun. Das hohe Tempo, in dem das Haus gebaut wurde, bedeutete, dass es gegen Ende des Winters fertig sein würde.

Im Herbst kam ein Wärter in meine Zelle und sagte mir, ich müsste zu Hause anrufen. Als ich sie schließlich erreichte, erzählte mir meine Mutter in sehr ernstem Tonfall, dass Pat sie betrogen hatte und die ganze Sache ein großer Schwindel gewesen war.

Kurz vor Thanksgiving* hatte meine Mutter versucht, Pat wegen der zweiten Anzahlung zu kontaktieren. Er war unauffindbar. Sämtliche Versuche, ihn in seinem Büro und über seinen Anrufbeantworter zu erreichen, waren erfolglos. In ihrer Verzweiflung hatte meine Mutter es geschafft, die Baufirma zu erreichen, die die Wohnsiedlung baute. Sie hatte nie etwas von Pat gehört. Weitere Nachforschungen ergaben, dass Pat gefälschte Broschüren und Visitenkarten hatte drucken lassen. Er hatte sich zum Schein ein Büro eingerichtet und einen raffinierten Betrug aufgezogen, für den er bestehende Bauplätze benutzt sowie Unterlagen und Bescheinigungen gefälscht hatte. Diese Nummer hatte er nicht nur mit meiner Mutter abgezogen, sondern mit beinahe zwei Dutzend weiteren Einzelpersonen und Paaren.

Meine Mutter brach am Telefon zusammen und weinte hemmungslos. Es gab nichts, was ich tun konnte. Ich fühlte mich hilflos. Ich fühlte mich irgendwie verantwortlich. *Wenn ich doch nur nicht im Gefängnis gelandet wäre.* Marc tat, was er konnte, doch nach einigen Wochen, als Staatsbeamte, die Polizei und weitere Behörden involviert waren, schien es ihm am sinnvollsten, nach Indiana zurückzukehren. Er wollte unserer Mutter nicht noch zusätzlich finanziell zur Last fallen.

Am 18. Dezember 1994 rief mich der Kaplan in sein Büro, als ich zu meiner Arbeit in der Gefängniskirche erschien, und fragte mich, ob ich einen Bruder namens Marc hätte. Ich bejahte das. Der Kaplan teilte mir sodann mit, dass Marc gestorben war. Ein Zeitungsjunge hatte ihn erfroren zwischen zwei Häusern gefunden. Schockartig durchfuhr mich eine Taubheit. Mein Vater war an den Folgen von *Agent Orange*** gestorben, während ich inhaftiert war, und nun war

....

* Nordamerikanisches Erntedankfest am vierten Donnerstag im November.

** Agent Orange ist die Bezeichnung eines Pflanzenvernichtungsmittels, das im Vietnamkrieg in großen Mengen zur Entlaubung des Dschungels eingesetzt wurde, in dem sich die Einheiten des Vietcong vor den amerikanischen Truppen verbargen. Es hatte verheerende Auswirkungen auf die Gesundheit der vietnamesischen Bevölkerung, aber auch der US-Soldaten, und führt in den betroffenen Gebieten bis heute zu Krebserkrankungen und Fehlbildungen bei Neugeborenen. Der Name setzt sich aus dem englischen Wort für „Wirkstoff" (agent) und der Farbe des Streifens, mit dem die entsprechenden Fässer gekennzeichnet waren (orange), zusammen.

mein Bruder von mir gegangen. Doch sein Tod unterschied sich von dem meines Vaters – er war die unmittelbare Schuld einer einzelnen Person: Pat. Zumindest sah ich das damals so.

Tief in mir fühlte ich einen Klumpen Hass heranwachsen, wie glühende Kohle. Der Hass, den ich empfand, wurde stärker und heißer. Ich war zu jenem Zeitpunkt etwa 16 Monate lang praktizierender Buddhist gewesen. Unsere Sangha hatte keinen Lehrer, doch ich praktizierte jeden Tag in meiner Zelle und einmal pro Woche in der Gruppe. Ich hatte viele Unterweisungen gelesen und sah mich als jemanden, der sich auf dem Weg zu Verstehen und Mitgefühl befand. Es löste sich alles in nichts auf. Obwohl ich meine Praxis fortführte, schwelte der Hass weiter.

Das gesamte Jahr 1995 über brannte jene rotglühende Kohle des Hasses in mir. Pat wurde schließlich in Kalifornien geschnappt und in ein Bundesgefängnis in Oregon gesteckt. Er wurde zu einer Haftstrafe von ungefähr sieben Jahren verurteilt. Ich war froh darüber, dass er keine längere Strafe bekommen hatte, nicht, weil ich Mitgefühl gehabt hätte, sondern weil in meinem Geist ein Plan heranreifte: Ich wollte Pat leiden lassen. Viele Jahre, nachdem er aus dem Gefängnis kam, würde auch ich eines Tages entlassen werden. Pat hatte keinen Grund, anzunehmen, dass eines Tages jemand hinter ihm her sein würde. Er wäre dann leicht zu finden und ebenso leicht würde es sein, an ihn heranzukommen.

Ich ersann ein Dutzend furchtbarer Dinge, die ich ihm antun könnte. Nichts davon war gut genug. Nachdem ich ins *Airway Heights Correction Center* verlegt worden war, kristallisierte sich ein Plan heraus. Ich würde entlassen werden und alles über ihn in Erfahrung bringen, was ich konnte: wo er aß, was er tat, mit wem und wo er wohnte. Ich würde seine Verhaltensmuster auskundschaften. Statt ihn zu töten, plante ich, ihm eines Abends ins Bein zu schießen, wenn er zu irgendeiner Besorgung das Haus verlassen würde. Ich malte mir aus, dass ein in Scheiße getunkter Pfeil den meisten Schaden anrichten würde. Falls er überlebte, würde ich das ungefähr ein Jahr später noch einmal tun. Falls er noch mal überlebte, würde er die Dunkelheit und das Unbekannte für immer fürchten. Diese Furcht würde mit ein wenig weiterer Nachhilfe meinerseits ausreichen, um ihn in den Wahnsinn zu treiben. Ich ging jedes Detail immer wieder durch, veränderte das eine oder andere und feilte jeden Punkt aus. Ich hatte genug Zeit, um es narrensicher zu machen.

Mein Hass wurde von meinen Schuldgefühlen befeuert, dass ich nicht mehr für meinen Bruder getan hatte und im Gefängnis gelandet war. Ich hatte das Gefühl, meine Mutter im Stich gelassen zu haben – und meinen Bruder ebenfalls. Ich rechtfertigte mein rachsüchtiges Denken, selbst inmitten meiner buddhistischen Praxis, indem ich mir selbst einredete, dass ich diesen Vergeltungsschlag noch nicht ausgeführt und somit auch keinen Schaden angerichtet hätte. Und so brannte das Feuer weiter. Doch Feuer besitzt die Eigenschaft, Sauerstoff und noch mehr Brennmaterial zu benötigen, damit es weiter brennt.

Ich weiß nicht genau, was mich dazu brachte, mein Denken zu ändern. Ich weiß nur, wann es geschah. Mittlerweile glaube ich, dass es eine Menge mit meinem Kampf zu tun hatte, einen Ausgleich zu schaffen zwischen der liebenden Güte und dem Verständnis, welche mir durch Buddhisten von außerhalb des Gefängnisses entgegengebracht wurden, und dem fast schon greifbaren Hass, den ich herangezüchtet hatte. Meine buddhistische Praxis machte es schwieriger, die Wut, die die Flammen meines üblen Planes schürte, aufrechtzuerhalten. Jeden Monat wurde das Ringen schwieriger. Bald schon verlangte mir das Ringen mehr ab als der Hass.

Ich schrieb an meinen Freund in der Schweiz, den Zen-Priester Vanja Palmers, und erzählte ihm, wie ich mich fühlte. Er war weit genug von diesem Gefängnis entfernt, sodass ich mich sicher dabei fühlte, ihm meine dunklen Absichten zu offenbaren. Ohne zu urteilen, und mit völligem Verständnis, schrieb Vanja einfach:

„Diese Emotionen, Vorstellungen und Gedanken werden erst dann mächtig und wirklich, wenn du ihnen anhaftest. Wenn du achtsam gegenüber dem gegenwärtigen Moment bist, ist das der Punkt, an dem all jene anderen Dinge verschwinden. Deine Freiheit und dein Glück werden sich an deiner Fähigkeit bemessen, zu vergeben und liebende Güte durch jede Tat und jeden Gedanken zum Ausdruck zu bringen. Dir selbst zu vergeben, ist vielleicht der erste Schritt. Sei gut zu Dir selbst."

Aus irgendeinem Grund durchschnitt dieser Brief meinen zügellosen Hass und ließ mich aufhorchen und einsehen, dass ich nicht Pats Karma sein konnte. Vanja machte deutlich, dass Pat mir eine wichtige Gelegenheit geliefert hatte, meine Praxis weiter zu vertiefen. Jener Augenblick der Klarheit war ein Schock für mich, und ein Moment immenser Erleichterung. Ich brauchte die schwere Bürde von Hass und Wut nicht länger mit mir herumzutragen. Diese Wandlung war selbstverständlich nicht vollkommen und endgültig. Sie dauert bis zum heutigen Tag an und erlaubt es mir, in sämtlichen Möglichkeiten zu verweilen. Ich erlebe immer noch Momente der Wut und der Abneigung. Oftmals lösen sie sich ebenso schnell auf, wie sie erschienen.

Dennoch weiß ich, dass Vanjas Worte in mir nicht hätten Wurzeln schlagen können, wenn ich nicht bereits lange zuvor den Vorteil von Briefen und Unterweisungen aus Dutzenden von anderen Quellen in Anspruch genommen hätte. Buddhisten überall aus den Vereinigten Staaten und Kanada hatten Stückchen für Stückchen mein Denken beeinflusst. Ihre Briefe und ihre aufrichtige Anteilnahme waren wie Juwelen, die durch den Schlamm meiner Verwirrung hindurch strahlten.

Ich empfinde Dankbarkeit dafür, dass ich nunmehr andere Pläne als meine rachsüchtigen Machenschaften hege: Ich hoffe, eines Tages in die Rotholz-Wälder zu gehen, die Marc vor seiner Krankheit Freude bereiteten, und dort einfach nur in Gedanken mit ihm zu sitzen.

Beäugen

Im Gefängnis starrst du einen anderen Häftling nur dann an, wenn du auf der Suche nach Ärger bist. Jemanden zu „beäugen" heißt, laut zu verkünden, dass du ein harter Knochen bist und ihn dazu herausforderst, dies zu bestreiten. Es ist eine Testosteron-Sache für Alpha-Männchen, die immer dann um sich greift, wenn eine große Anzahl Männer auf kleinem Raum eingepfercht ist, mit wenig zu tun und trostlosen Aussichten. Und nicht zurückzustarren, wenn du angestarrt wirst, kommt einer Geste der Unterwerfung gleich.

Eines Tages beendete ich gerade mein Mittagessen, als ich aufblickte und einen anderen Gefangenen über mehrere Tische hinweg in meine Richtung starren sah. Ich blickte auf die Reste meines Essens hinab und hoffte, dass er nicht mich ansähe. Einige Minuten später warf ich erneut einen Blick auf ihn und, ja, da war er immer noch *und sah mich an!* Meine Kampfinstinkte setzten ein und ich starrte zurück, ohne auch nur einen Gedanken daran zu verschwenden.

Die übrigen Männer an seinem Tisch waren Skinheads und womöglich Mitglieder des *Ku-Klux-Klans*. Was mir als Nächstes aufstieß, war sein Aussehen. Er beugte sich schützend über sein Essenstablett wie ein Hund, der ein rohes Steak bewacht. Sein Kopf war rasiert und merkwürdig geformt – wie ein schlecht aufgepumpter Fußball, der zu viel durch die Gegend gekickt worden war. Wenn er sprach, wurde seine Unterlippe spitz und reptiliengleich. Weder darin, wie dieser Mann aussah, noch darin, wie er mich ansah, lag auch nur im Geringsten etwas Angenehmes. Zum Glück stand er bald mit seinen Freunden auf und verließ die Kantine, wobei er mehrmals Blicke in meine Richtung zurückwarf. In Walla Walla begegnete ich ihm nie wieder, doch zwei Jahre später, nachdem ich ins *Airway Heights Correction Center* verlegt worden war, das für diejenigen neu errichtet worden war, die wie ich geringere Sicherheitseinstufungen hatten (die Sicherheitseinstufung richtet sich nach dem für den jeweiligen Straftäter erforderlichen Überwachungsgrad: minimal, mittel, streng und „administrative Einzelhaft"), bekam ich den Mann aus der Nähe zu sehen, als ich dort zum ersten Mal die gut bestückte Bücherei besuchte.

Harold arbeitete an der Ausleihe und sah sogar noch verrückter und gemeiner aus, als ich es in Erinnerung hatte. Er trug nun einen Irokesenschnitt, der seinen unförmigen Kopf noch stärker zur Geltung brachte. Als ich ein paar Bücher ausleihen wollte, folgten mir seine Augen wie die eines Löwen, der eine verwundete Gazelle beäugt. Ich war nervös, versuchte aber, ungezwungen zu wirken. Eine Woche später ergab es sich, dass ich einen Job in der Bücherei bekam.

Im Laufe des folgenden Jahres musste ich eng mit Harold zusammenarbeiten. Sehr zu meinem Beschämen stellte sich heraus, dass all meine Vorurteile gegen ihn tatsächlich vollkommen unbegründet waren. Er war freundlich und hilfsbereit, und unter der rauen Schale befand sich ein angenehmer Gesprächspartner. Schon bald wurden wir gute Freunde.

Er erzählte mir, dass er eine lange Zeit ein verbitterter, gemeiner, gewalttätiger und zutiefst gestörter Mann gewesen wäre. Nach seiner Inhaftierung Mitte der 1980er brach er aus dem Gefängnis aus. Die Beamten, die ihn schließlich stellten, dachten, er wäre bewaffnet und gefährlich, und schossen ihn mehrfach an – dabei einmal in den Bauch. Er wurde schwer verwundet und wäre beinahe gestorben. Auf diese Weise war er im Hochsicherheitsgefängnis von Walla Walla gelandet.

Während Harold in Walla Walla war, hatte er sich den Ariern angeschlossen und einen Großteil seiner Zeit mit dem Stemmen von Gewichten zugebracht. In Airway Heights stellte diese Sorte Gefängnisbeschäftigung Harold nicht mehr zufrieden, und aus heiterem Himmel stellte er mir Fragen zum Buddhismus. Ich lud ihn dazu ein, an unserer Praxis teilzunehmen – und mehr brauchte es gar nicht. Harold gab sich dem Buddhismus hin. Er übernahm eine Menge Arbeit, um beim Aufbauen der Sangha zu helfen, und warb neue Mitglieder, die sich uns sonst vielleicht nie angeschlossen hätten. Nachdem er Buddhist geworden war, kam Harold dermaßen zur Ruhe, dass keiner seiner alten Freunde ihn wiedererkannte.

Vor ein paar Jahren wurde Harold erneut in ein anderes Gefängnis verlegt. An seinem neuen Aufenthaltsort hilft er maßgeblich dabei mit, die buddhistische Praxis zu etablieren, und dient all jenen als Vorbild, die das Glück haben, ihm zu begegnen.

Dank Harold messe ich Aussehen und ersten Begegnungen nicht mehr so viel Bedeutung bei wie zuvor.

Banane

In jedem von uns steckt ein alter Bekannter, unser geschwätziges Ego, das nach Beachtung schreit und versucht, uns von dem abzulenken, was wir eigentlich sehen sollten. Das Ego ist ein Schwindler, der ständig neue Methoden ausheckt, dich davon abzuhalten, achtsam zu sein. Wenn wir es dem Ego erlauben, uneingeschränkt über uns zu herrschen, entgeht uns die Schönheit jedes einzelnen Augenblicks.

Irgendwer erzählte mir einmal, dass Thich Nhat Hanh während eines Vortrages in einer Justizvollzugsanstalt in Maryland sagte: „Achtsamkeit ist eine Form von Energie, die uns dabei hilft, uns dessen bewusst zu sein, was geschieht. Achtsam zu sein bei allem, was wir im Laufe des Tages tun, sei es nun trinken oder gehen, essen oder die Toilette benutzen, gibt uns Halt, Freiheit und Würde."

Achtsamkeit ist eine Nebenwirkung der Praxis, die uns dazu befähigt, das Leben klarer zu sehen und nicht vorüberziehen zu lassen. Je weniger wir uns auf das „Selbst" ausrichten, desto einfacher ist es, zu sehen, was uns gewöhnlich entginge. Durch größere Achtsamkeit können wir dazu beitragen, Leiden zu lindern, und jene besonderen Momente wahrnehmen, die unser Leben verändern.

Die potenziellen Folgen eines Mangels an Achtsamkeit hingegen wurden mir auf abschreckende Weise einige Monate, nachdem ich Ben begegnet war, vor Augen geführt.

Ben war die Sorte Gefangener, die einen alten Hasen erschaudern lassen. Bei ihm handelte es sich um einen klassischen Fall des Dennis-the-Menace-Syndroms*; er war quasi ein Unfall, der bloß

---

* *Dennis the Menace* ist eine beliebte Comicfigur – ein kleiner, zwar durchaus gutwilliger, aber auch extrem übermütiger und unüberlegter neunjähriger Junge, der regelmäßig unabsichtlich das größtmögliche vorstellbare Chaos anrichtet und so die Nachbarschaft gegen sich aufbringt.

darauf wartet, zu passieren. Er passte nicht nur optisch in diese Rolle, auch jede seiner Bewegungen war ein gefährlicher Flug Richtung Katastrophe. Man konnte sein Handeln entweder jugendlichem Übermut oder einfach nur blanker Idiotie zuschreiben. So oder so wusste Ben, wie man sich Ärger einhandelte. Das machte ihn zum perfekten Ziel für Insassen, die etwas gegen Leute hatten, die sich nicht an das Auftreten und den Verhaltenskodex „des Häftlings" hielten. Ben tanzte aus der Reihe und sprach nicht den angesagten Jargon. Die anderen Gefangenen konnten mit seinen spontanen Lachanfällen und seinem schlagfertigen Sinn für Humor nichts anfangen, und der Takt des Trommlers, dem Ben zuhörte, war nicht derjenige, den die meisten anderen vernahmen.

Zu Bens Unglück steckte er oft schon bis über beide Ohren in Schwierigkeiten, bevor er es bemerkte. Er war eine dieser Personen, die sich einfach nicht auf das Gefängnisleben einstellten. Er meinte es nie böse und ihm kam kaum einmal ein gemeines Wort über die Lippen, und dennoch brachte ihn das irgendwie in Konflikt mit seinen Mitinsassen.

Mein erster Kontakt mit ihm fand in der Postschlange statt. Ben stand vor mir, und er lachte und sprach mit den Leuten in der Schlange, als wäre er am Strand. Als er an der Spitze der Schlange ankam, wurde ihm ein Brief ausgehändigt, der von der Poststube des Gefängnisses abgelehnt worden war. Er stand dort verdutzt herum, während er versuchte, dahinterzukommen, warum sein Brief nicht rausgegangen war. Ich verstand seine missliche Lage. Gefängnisregeln können launisch sein und völlig willkürlich angewandt werden. Ein- und ausgehende Post wird häufig aus so einfachen Gründen wie Geruch nach Parfüm, aufgeklebte Smileys oder beiliegende Buntstiftzeichnungen abgelehnt.

Da ich wusste, wie wichtig Kontakt mit Freunden von draußen und der Familie ist, stellte ich mich vor und erklärte ihm, warum seine Post abgewiesen worden war. Er hatte nicht nur den falschen Umschlag benutzt, sondern auch nicht das richtige Formular für die Beantragung von „Bedürftigen-Porto" ausgefüllt. Wenn er den Antrag um Beihilfe zum Porto neu einreichte, würde das bedeuten, dass noch einige weitere Tage vergehen würden, bevor sein Brief versandt werden könnte – also versorgte ich ihn mit ein paar vorfrankierten Umschlägen. Er bedankte sich höflich und wir gingen unserer getrennten Wege.

Eines Morgens wurden zum Frühstück Bananen ausgeteilt. Es waren nicht die üblichen verunstalteten Bananen, die wir normalerweise bekamen – die hier sahen tatsächlich wie Bananen aus! Ich musste zur Arbeit und hatte keine Zeit dazu, meine Banane in die Wohneinheit zurückzubringen. Da ich dachte, dass es schön sein würde, die Frucht nach der Arbeit greifbar zu haben, sah ich mich nach jemandem um, der sie für mich mit zurücknehmen würde. Es war niemand da außer Ben. Als ich ihn fragte, stellte er sich freudig zur Verfügung und ich zog los zur Arbeit.

An jenem Abend bat ich ihn um die Banane. Er ging auf seine Zelle und holte eine bräunliche Masse heraus, die zwar irgendwie einer Banane ähnelte, aber eigentlich eher nach etwas aussah, das man im Klo runterspülen würde, als nach irgendeinem Obst, das ich jemals gesehen hatte. So unschuldig, wie man sich es nur vorstellen kann, überreichte er mir dieses matschige braune Objekt und lächelte dabei, als hätte er mir einen großen Gefallen getan.

Im Gefängnis versuchen alle – Insassen, Wärter und das System – ab und an jemandem eins auszuwischen. Du musst wachsam und dir aller Möglichkeiten bewusst sein, oder du kannst das wenige verlieren, was du noch hast. Es gibt das volle Programm an Betrügereien, von einfachen Kartenspielen bis hin zu aufwendig ausgefeilten Tricks, die darauf abzielen, dich reinzulegen oder dich zu irgendeiner Handlung zu animieren. Beim Kartenspielen zum Beispiel machen drei Typen heimlich miteinander aus, den Pot (der meistens aus Nahrungsmitteln besteht) zu erhöhen. Sie bringen das Opfer dazu, immer mehr einzusetzen, und nähren so seine Hoffnung, dass es groß abräumen wird. Mithilfe von Zeichen machen die anderen drei aus, einen aus ihrer Runde gewinnen zu lassen, indem sie ihre Karten hinwerfen, nachdem das Opfer ausgestiegen ist. Später teilen sie dann das Essen unter sich auf.

Ein anderer Schwindel, bei dem die sehr Alten, Schwachen, Gebrechlichen oder Jungen, die etwas Geld besitzen, ausgenommen werden, ist „Schutz". Zwei oder mehr Häftlinge tun sich zusammen und suchen sich jemanden, der die genannten Kriterien erfüllt. Einer der beiden bedroht anschließend das Opfer ernsthaft und mischt es vielleicht sogar ein wenig auf. Danach erscheint der „Held" auf der Bildfläche, der das Opfer errettet, welches so dankbar ist, dass es ihm im Gegenzug Essen oder andere Artikel aus dem Gefängnisladen anbietet. Später schlägt der „Held" dann vor, das Opfer vor dem „Peiniger" zu beschützen. Das Opfer nimmt das Angebot in der Regel dankend an und bewegt seine Eltern, seine Freundin oder Freunde dazu, Geld zur Unterstützung zu senden. (Das ist dem Mafiaboss John Gotti passiert.) Junge Kerle reinzulegen, denen eine jahrelange Haftstrafe bevorsteht, ist eine weitere Abzocke. Wenn ein Lebenslänglicher einen Groll auf jemanden hegt, aber nicht für tätlichen Angriff belangt werden oder die relativ angenehmen Lebensumstände verlieren will, die er sich im Laufe der Jahre zugelegt hat, heuert er einen „Torpedo" – einen zähen jungen Kerl, der sich einen Namen machen will – dafür an, die Drecksarbeit für ihn zu erledigen, macht ihm weis, dass er auf diese Weise an Format gewinnen würde, und bietet ihm Materielles sowie Akzeptanz in der Gruppe an. Dies sind nur ein paar aus Dutzenden von Gaunereien und Tricks, die im Gefängnis benutzt werden.

Für mich stellte die Banane, die ich in den Händen hielt, eine weitere Masche dar. Ich wusste, dass diese Banane nicht diejenige war, die ich Ben an jenem Morgen gegeben hatte. Meine Wahl war einfach. Ich könnte die Angelegenheit als eine weitere Lektion, die ich gelernt hatte, abhaken, oder ich könnte Ben zur Rede stellen. Ich entschied mich dazu, mit ihm zu sprechen, denn wäre ich jemand anderes gewesen, hätte dieses Manöver mit einer körperlichen Auseinandersetzung ausgehen können. Ich fand, dass Ben wissen sollte, wie die Konsequenzen möglicherweise hätten aussehen können, und dass ich wusste, dass er die Bananen ausgetauscht hatte.

Als ich ihm mitteilte, dass er mir die falsche Frucht gegeben hatte, bestand er darauf, mir die richtige gegeben zu haben. Nach einigen Minuten kamen wir zu dem Schluss, dass sein Zellengenosse die Bananen vertauscht und meine gegessen hatte. Ben hatte das zwar bemerkt, aber da er versuchte, einem Konflikt aus dem Weg zu gehen, hatte er gehofft, dass es mir nichts ausmachen würde, eine braune Banane zu bekommen. Zumindest wusste er jetzt, dass ich es wusste.

Das lag zwei Jahre zurück.

In der Zwischenzeit hatte Ben langsam damit begonnen, Interesse an buddhistischer Praxis zu zeigen. Neulich fragte ich ihn, warum er sich dafür entschieden habe, Buddhist zu werden. Er gab mir eine sehr durchdachte Antwort: „Dafür gab es drei Gründe. Erstens ergibt es einen Sinn für mich und kommt mir daher richtig vor. Ein weiterer Grund war deine Freundlichkeit und Achtsamkeit, die so klar zu Tage trat, als du mir die Briefumschläge gabst. Und die Banane hat natürlich ebenfalls geholfen. Das war mir eine Lektion. Du hättest mich deswegen ernsthaft zusammenstauchen können. Du hast mich dazu gebracht, einzusehen, dass die Banane zwar nicht wichtig war, aber mein Handeln schon. Davor hätte ich die Ursachen und Auswirkungen meines Handelns niemals bedacht. Jetzt begreife ich dieses Konzept wesentlich besser. Heute gibt es sogar noch mehr Gründe, weshalb ich Buddhist bin. Wenn du genau an den Punkt zurückgehst, an dem all das begann, wirst du irgendwo dort eine Banane finden." Ein breites Lächeln begleitete seine philosophische Darlegung. Das war einfach Bens Art.

Jeder Mensch kann mindestens ein Ereignis in seinem Leben benennen, an dem irgendetwas geschah, das den Lauf dieses Lebens veränderte. Am einfachsten zu sehen ist das, wenn es groß, dramatisch und – in der Regel – schlimm ist: eine Katastrophe, ein Unfall, ein Todesfall oder ein Akt der Gewalt. Aus irgendeinem Grund ist es schwieriger, jene Ereignisse ausfindig zu machen, die einen großen Wandel auslösen, wenn sie nicht negativ belegt sind. Für Ben hatte es etwas mit ein paar Briefumschlägen und einer

Banane zu tun – doch es gab auch noch ein wesentlich größeres Ereignis.

Einige Zeit danach befand ich mich gerade im Aufenthaltsraum, als ich zufällig zur zweiten Etage hochblickte und Ben auf die Treppe zugehen sah. Er machte bei den Gemeinschaftstoiletten Halt und kam dann in den Aufenthaltsraum runter. Ich spürte, dass irgendwas nicht stimmte, und beschloss, ihn abzufangen. Ich grüßte ihn und sah sofort, dass sein übliches Lächeln verschwunden war. Er hatte ein Notizbuch unter dem Arm und einen Bleistift in der Hand. Ich bat ihn, sich eine Minute lang zu setzen, was er auch tat. Ich begann einen langen Schwall von banalem Geschwätz, den ich nicht abreißen ließ, bis wir aufgefordert wurden, uns zum nächtlichen Einschluss zu begeben.

Ich sah Ben am nächsten Tag beim Abendessen wieder. Er hatte immer noch einen für ihn untypisch ernsten Gesichtsausdruck. Er war still und blickte mich eigenartig an. Schließlich fragte ich ihn, was los wäre. Nachdem er gründlich nachgedacht hatte, sah Ben von seinem Essenstablett auf und erzählte mir eine erschreckende Geschichte:

Letzte Nacht hat's mir gereicht, Calvin. Jeden Tag versuchen Leute, mich einzuschüchtern, zu bedrohen, zu verletzen. Die Namen, die sie mir geben, die Beschimpfungen, sie sind unerbittlich. Die meiste Zeit über weiß ich, dass es etwas gibt, was ich tue, das die Leute dazu bringt, so auf mich anzuspringen. Aber ich kann nicht dafür verantwortlich sein, wie andere sich verhalten. Wohin ich auch gehe, egal was ich tue, ich werde immer schikaniert. Die einzige Person, die mich wie ein menschliches Wesen behandelt, bist du. Meine einzige Zuflucht bist du und die wöchentliche buddhistische Praxis. Die meiste Zeit über genügt das, um meine Zurechnungsfähigkeit zu wahren. Doch manchmal ist es zu viel, dazu gezwungen zu sein, all die Peiniger, die meinen Weg kreuzen, stillschweigend zu ertragen. Calvin, die Nachstellungen kennen kein Erbarmen.

Gestern spielte ich in der Sporthalle Volleyball und der Typ in der Eckzelle unserer Abteilung hörte nicht auf, mich zu reizen. Als ich ihn nicht beachtete, so wie ich es normalerweise tue, arteten seine Beleidigungen dazu aus, mich vor allen anderen als Schlampe, Dreckskerl, Schwuchtel zu bezeichnen. Die Leute schauten mich an und erwarteten eine Reaktion, doch ich unternahm nichts. Da begann er, mich zu bedrohen, und sagte zu mir, ich solle mich vorsehen, denn er wolle sich mich unter der Dusche vorknöpfen. Am Ende hatte ich genug und hörte mit dem Volleyballspielen auf. Ich konnte nicht weg bis zur „Bewegung" [der festgelegten Zeit, in der Insassen von einem Bereich des Gefängnisses in den anderen überwechseln dürfen], also heftete sich dieser Typ an meine Fersen und versuchte, meine Knöpfe zu drücken.

Er wusste nicht, dass ich bereits genug hatte. Irgendwas war ausgeklinkt. Ich ging zurück auf meine Zelle, ordnete mein Zeug und packte meine persönlichen Briefe zusammen. Ich dachte noch ein Weilchen drüber nach und beschloss, diesen Kerl zu töten. Alles, was mir widerfahren ist, seitdem ich ins Gefängnis gekommen war, verdichtete sich zu einer scharfen, heißen Spitze.

Ich schnappte mir einen langen Bleistift und einen Waschlappen. Ich hatte vor, ihn zu erstechen, das Blut dann mit dem Tuch abzuwischen und beides im Klo runterzuspülen. Wenn ich das schnell durchziehen würde, würde niemand merken, was passiert war, bis es zu spät sein würde. Die Beweise wären verschwunden und es würde einfach nur als ein ganz normaler Zusammenstoß zwischen zwei Insassen abgetan werden. Jetzt weiß ich, dass mein Denken völlig falsch war, aber zu jener Zeit war ich einfach nicht ich selbst. Ich hielt den Bleistift, verbarg den Waschlappen in meinem Notizbuch und ging nach unten, um diesem Kerl eine Lektion zu verpassen.

Dann bist du aufgetaucht. Aus irgendeinem Grund wusstest du, dass etwas los war, weil du dir immer all dessen bewusst *bist, was um dich herum vorgeht. Ich dachte, wenn ich lang genug warte, würdest du abhauen, aber nein, du hast einfach die ganze Zeit lang weiter blöde Fragen gestellt: Hast du Post bekommen? Was für welche? Von wem? Wie war die Arbeit? Hast du heute trainiert? Hat dir das Abendessen geschmeckt? Du wolltest mich einfach nicht gehen lassen. Weil ich so viel Respekt vor dir hatte, konnte ich nicht aufstehen und weggehen. Dann wiesen die Wärter uns alle an, ins Bett zu gehen und uns für die Nacht einschließen zu lassen. Und du hast mich immer noch nicht allein gehen lassen. Du hast mich zu meiner Zelle begleitet, dabei immer noch über irgendwas Belangloses geredet und dabei gelächelt, als wäre diese Welt die schönste, die man sich vorstellen könnte. Du hast mir auf die Schulter geklopft und mir eine gute Nacht gewünscht.*

Calvin, gestern Nacht hast du zwei Leben gerettet. Seins und meines, und du schienst dir darüber nicht mal im Klaren zu sein. Ich würde jetzt in argen Schwierigkeiten stecken und jemand anderes wäre verletzt worden ... oder Schlimmeres. Und ich würde auch in der nächsten Zeit nicht mehr aus dem Gefängnis rauskommen. Ich danke dir.

Am Ende seiner Rede sah Ben erschöpft aus. Sein Essen stand unangetastet herum, und er starrte den Tisch mit einem Ausdruck der Verwunderung und Neuentdeckung an. Er sah aus, als sei er gerade vom Rande eines tiefen Abgrundes zurückgetreten.

Ich machte mir Sorgen, was der Vorfall, den Ben mir gerade geschildert hatte, wohl mit seinem unerschütterlich frohen Gemüt anrichten würde. Doch darum bin ich nicht länger besorgt. Ben gibt sich seiner Praxis noch mehr hin als je zuvor. Er lächelt immer noch viel, doch sein Lächeln ist weiser geworden. Er ist sich seiner Umgebung wesentlich bewusster und wirkt zufriedener mit sich selbst. Wenn ich ihn über den Gefängnishof spazieren sehe, lächle auch ich. Ich bin froh darüber, zu wissen, dass er eines Tages nach Hause gehen wird.

Neunundvierzig

Stell dir einen Augenblick lang vor, in einem 20 Quadratmeter großen Raum zu wohnen. Bringe in jenem Raum folgende Sachen unter: einen Stahltisch, Regale und Garderobenständer, eine fest im Boden verankerte Stahlbank, Etagenbetten, die die Breite des Raums ausfüllen, einen Fernseher an einer Wand sowie eine Leiter an der gegenüberliegenden Wand. Danach bleiben in etwa neun Quadratmeter freie Bodenfläche übrig. Füge dann noch zwei Leute hinzu: dich und deinen Zellengenossen.

Im Durchschnitt kommt alle vier Monate ein neuer Zellnachbar an und bringt eine völlig neue Persönlichkeit mit, auf die du dich einstellen musst. Ein toller Zellnachbar trägt zu einer lockeren und entspannten Zeit bei. Ein guter Zellnachbar kann interessant sein, aber manchmal auch eine Herausforderung, was an der Größe einer Zelle und der ausgedehnten Zeit, die man in Gesellschaft eines Zellnachbars verbringt, liegt. Ein schlimmer Zellnachbar, der dich entweder ständig bestiehlt, stinkt, den ganzen Tag lang schläft und die ganze Nacht lang wach bleibt und Lärm macht oder Regeln bricht und die Aufmerksamkeit der Obrigkeit auf die Zelle zieht, kann die Qualität der Zeit, die man im Gefängnis absitzt, ernsthaft beeinträchtigen. Der *richtig schlimme* Zellnachbar ist ein Alptraum aus Einschüchterung oder Gewalt, Geisteskrankheit oder einer Kombination aus alldem. Ich hatte 49 Zellnachbarn von jeder Sorte.

Die richtig schlimmen Zellnachbarn helfen mir dabei, die richtig guten zu schätzen. Gelegenheiten dazu, liebende Güte mit einem Zellnachbar zu praktizieren, gehen niemals aus. Gleichzeitig wird es jedoch als Zeichen von Schwäche angesehen, wenn du nett bist, und man nutzt dich vielleicht aus. Wenn du fair bist und nicht bloß den dürftigen Platz mit ihm teilst, sondern auch die Besitztümer, die du im Laufe der Zeit erwirbst, kann es darauf hinauslaufen, dass du hart erarbeitete materielle Güter loswirst. Um dich über die Schwierigkeiten hinwegzusetzen, die es mit sich bringt, so eng mit einem völlig Fremden zusammenzuleben, musst du dich mit deinem Karma auseinandersetzen. Wenn du das mit einem gewissen Sinn für Humor angehst, wirst du dabei nicht zu einem Typen, den niemand ausstehen kann.

Vor einigen Jahren wurde jemand in meine Zelle verlegt, während ich arbeiten war. Er sprach überhaupt kein Englisch. Zuerst dachte ich, das wäre ein Segen – doch dieser Einschätzung wurde schon an unserem ersten gemeinsamen Tag der Garaus gemacht. Nachdem ich mich vorgestellt hatte, lagen wir in unseren Etagenbetten und warteten auf den Ruf zum Abendessen. In der relativen Stille hörte ich einen tiefen und sehr langen Seufzer meines Zellnachbarn. Ich erinnere mich daran, dass ich dachte, er wäre wohl froh darüber, sich eingelebt zu haben. Dann seufzte er noch mal. Ein tiefes, langes, dramatisches Seufzen. Und dann noch eins und noch eins und noch eins. Da ich ihn nicht fragen konnte, was los war, versuchte ich zunächst, es nicht zu beachten. Dann ertappte ich mich dabei, wie ich die Seufzer zählte. Ich versuchte, die Seufzer als eine Art Mantra zu benutzen, als einen Konzentrationspunkt, doch sie schienen an meinem Geist herumzuhämmern wie ein kleiner Meißel an einer Klippe – und nach drei Tagen ging es mir langsam wirklich auf die Nerven.

Ich kam zu dem Schluss, dass seine Seufzer seine Trauer darüber, im Gefängnis zu sein, und seinen Wunsch nach Freiheit ausdrückten. Ich sprach mit einigen seiner Freunde und erfuhr, dass er innerhalb von zwei Wochen entlassen werden würde. Da ich dachte, zwei Wochen lang könnte ich alles ertragen, stellte ich mich darauf ein, diese Zeit einfach abzuwarten. Doch die Seufzer wurden so unnachgiebig wie ein tropfender Wasserhahn. Als sein Entlassungstermin näher rückte, steigerten sich die Länge, die Frequenz und die Lautstärke seiner Seufzer. Ich wurde langsam verrückt! Schließlich bat ich ihn darum, nicht die ganze Zeit zu seufzen, und imitierte dabei sein Verhalten, damit er kapierte, was ich meinte. Ungefähr zehn Minuten lang hörte er auf. Die Stille war herrlich. Dann folgte, zaghaft und sanft, ein kleiner Seufzer. Dann zwei weitere in rascher Folge. Schon bald seufzte er genauso viel wie zuvor.

Als er nach Hause entlassen wurde, schüttelten wir uns die Hand und ich ging auf meine Zelle zurück. Nachdem ich die Tür geschlossen hatte, sah ich mich in dem kleinen Raum um, und zu meiner großen Bestürzung seufzte ich ungewollt. Ich hätte heulen können. Am nächsten Tag kehrte ich von der Arbeit zurück, in beklommener Erwartung der neuen Herausforderung, die mich nun in meiner Zelle heimsuchen würde.

Ein neuer Zellnachbar lag bereits in seinem Bett auf dem Posten, als ich ihm zum ersten Mal begegnete. Dieser Zellnachbar war sehr gesellig und sprach Englisch. Ich stellte mich vor und teilte ihm mit, wie mein Zeitplan in Bezug auf Arbeit und andere Beschäftigungen aussah, sodass er sich zurechtlegen konnte, was er tun wollte, und wann er in der Zelle ruhige Momente für sich allein haben könnte. Ich bot ihm außerdem an, meinen Fernseher und mein Radio zu benutzen, und ließ ihn wissen, dass er sich auch an meinem Kaffee und Tee bedienen durfte. Für den Fall, dass er sich das vielleicht nicht leisten konnte, kaufte ich ihm Shampoo, Seife und weitere Hygieneartikel, wie ich es auch schon für viele Zellnachbarn vor ihm getan hatte.

Einige Insassen scheinen trotz der Tatsache, dass sie im Gefängnis sitzen, immer auf die Füße zu fallen, selbst wenn es so aussieht, als ob gerade alles zusammenbricht. Bei anderen Insassen ist dagegen alles zum Scheitern verurteilt, egal wie sehr sie sich anstrengen. Dieser Zellnachbar war so ein Typ. Sein ganzes Leben war eine unweigerliche Katastrophe. Er hatte nichts Positives für sich am Laufen, was sich in seiner Art zu reden und zu handeln widerspiegelte. Mehr als einmal versuchte ich, ihm aufzuzeigen, wie sein Reden und Handeln sich auswirkte, doch es nutzte nichts. Er war selbst sein schlimmster Feind. Immer wenn es so aussah, als fingen die Dinge an, mal gut für ihn zu laufen, sagte oder tat er etwas, das alles über den Haufen warf. Und die Schuld daran gab er dann allen anderen außer sich selbst.

Mein neuer Zellnachbar bediente sich mit Freude an meinem Kaffee, aber er verteilte ihn auch an seine Freunde. Schon bald kaufte ich wesentlich mehr Kaffee, als ich trank. Ich war wütend und fühlte mich verletzt.

Ich dachte darüber nach. Mir wurde klar, dass dieser Zellengenosse mich nicht nur die übliche Anhaftungslektion lehrte, die ich von fast jedem Zellnachbar lerne, sondern dass er mir auch etwas über Motivation beibrachte. Ich bot ihm an, ihm mit den Sachen des täglichen Bedarfs auszuhelfen, und erwartete dabei irgendwie von ihm, dankbar zu sein und die Situation nicht auszunutzen. Ich gab diese Sachen also quasi unter Auflagen her. Ich hegte Erwartungen. Wenn ich jene Sachen zur freien Verfügung gestellt hätte, hätte es mich nicht gestört, was er mit ihnen anstellte oder ob er Kaffee von mir nahm, um ihn seinen Freunden zu geben.

Statt ihn zusammenzuschlagen, was unter solchen Umständen die im Gefängnis übliche Reaktion ist, setzte ich mich mit ihm einfach zu einem Zeitpunkt zusammen, an dem ich davon ausging, dass er mir zuhören würde, und teilte ihm mit, wie sehr es mich störte, dass er meine Freundlichkeit ausnutzte, und zwar nicht, weil ich dadurch ein paar materielle Verluste hatte, sondern weil ich mir Sorgen um ihn machte und um die Auswirkungen, die diese Taten auf ihn haben würden. Auf jedermann wütend zu sein, mich zu bestehlen, die Leute um ihn herum zu bedrohen – das alles trug zu seinem Leiden bei, auch wenn er nicht in der Lage war, das einzusehen. Ich versuchte, ihm zu erklären, dass ich zwar eine Menge hatte, wofür ich dankbar sein konnte, aber dass vieles davon auch auf mein ständiges Bemühen zurückzuführen war, keine Quelle des Leidens zu sein. Ich erzählte ihm, dass ich die Erfahrung gemacht hatte, dass ich immer dann, wenn ich dem kraftvollen Sog des Ärgers nicht standhielt, eine Sache nach der anderen geschah, die mir noch mehr Kummer und Probleme bescherte. Je mehr ich es jedoch erlernte, geschickte Mittel dafür einzusetzen, diese Konflikte zu lösen, und je mehr ich Humor und Güte dazu benutzte, Ärger zu durchtrennen, desto stärker veränderte sich der Verlauf meiner Umstände und wandelte sich unweigerlich zum Besseren.

Wir sprachen darüber, wie einfach es ist, in die Falle alter Verhaltensmuster zu tappen, da sie die Bequemlichkeit des Bekannten bieten. Um eine Veränderung herbeizuführen, ist es erforderlich, zuzugeben, dass lebenslanges Handeln aus Wut und Angst heraus nichts weiter als fehlgerichtete und verschwendete Anstrengung und Energie darstellt. Es ist so, als wenn man mehr und mehr Geld in einen Krieg steckt: Je größer die Investition ausfällt, desto schwieriger wird es, auszusteigen. Es war nicht leicht, all das zu erklären – doch es wirkte. Mein Kaffee verschwand nicht mehr.

Manchmal versuchte ich, mir jemanden auszusuchen, der als Zellnachbar zu mir hätte passen können. Einmal sah ich mich gerade nach einer guten Möglichkeit um, als ein Gefangener auf mich zukam und fragte, ob er bei mir einziehen dürfte. Instinktiv zögerte ich, aber etwas widerwillig stimmte ich einem Umzug dann doch zu. Es war besser, als möglicherweise einen Neuankömmling mit allen möglichen psychischen Macken oder mit Suchtproblemen zu bekommen. Nachdem mein neuer Zellnachbar eingezogen war, teilte ich ihm mit, dass er gerne meinen Fernseher und andere Gerätschaften benutzen könnte. Ich bat ihn lediglich darum, die Knöpfe am Fernseher nicht zu fest zu drücken oder durch die Sender zu springen, da dies am Ende dazu führen würde, dass die Umschaltknöpfe ihren Geist aufgeben würden. Er sagte, er würde meine Sachen respektieren.

Dennoch ertappte ich ihn recht häufig dabei, wie er durch die Sender sprang. Was mich wirklich beunruhigte, war, dass er beim Drücken der Knöpfe eine enorme Menge an Kraft einsetzte. Ich sagte ihm, dass er sich einen schweren Bluterguss an seinem Bein zuziehen würde, wenn er darauf genauso oft und fest herumdrücken würde wie auf den Fernsehknöpfen.

Eines Tages kam ich von der Arbeit zurück und mein Zellnachbar kam mir auf der Treppe entgegen. Er beichtete mir, dass er einen der Umschaltknöpfe ins Gerät gedrückt und zerlegt hatte, und entschuldigte sich ausgiebig. In der Vergangenheit hätte mich so etwas vor Wut in die Luft gehen lassen. Zum Glück hat meine Praxis mich gelehrt, vor dem Sprechen tief durchzuatmen, um den Geist zu beruhigen. Ich tat mein Bestes, das umzusetzen. Ergeben akzeptierte ich die Tatsache, dass so was halt passiert, und sagte, dass wir ja immerhin noch die Sender in eine Richtung wechseln könnten. Ich bat ihn darum, vorsichtiger zu sein, und ließ es dabei bewenden. Eine Woche später stand mir schon wieder ein äußerst verlegen aussehender Zellnachbar gegenüber. Ich wusste, er würde mir erzählen, dass er den anderen Umschaltknopf zerstört hatte, und er tat es.

Ich schickte meinen Fernseher zur Reparatur raus (das ist sogar im Gefängnis möglich). Doch aufgrund von Verwechslungen und Komplikationen dauerte es mehr als vier Monate, bis ich ihn zurückbekam. In der Zwischenzeit zog mein Zellnachbar in eine andere Zelle um, die einen Fernseher hatte – er sagte, er könnte ohne nicht leben – und ich verpasste die Übertragung der Olympischen Spiele. Der heimliche Segen lag darin, dass die nachfolgenden Zellnachbarn keine Lust hatten, in meiner Zelle rumzuhängen, weil kein Fernseher mehr darin stand. Das ermöglichte es mir, meine Meditationssitzungen auszudehnen. Fast jede Gegebenheit birgt das Potenzial für etwas Positives.

Erst vor Kurzem zog ein älterer Mann bei mir ein. Er hatte lichtes Haar und das wenige, das übrig war, sah aus, als wäre er gerade durch einen Windkanal gelaufen. Jahrelanger Konsum harter Drogen hatte seine Zähne verfaulen lassen, und daher trug er ein Gebiss. Direkt nach seinem Einzug erzählte er mir, dass er Schausteller war, jemand, der mit Jahrmärkten herumreiste und dort arbeitete. Mir wurde bange ums Herz, als er mir erzählte, dass er unter dem Karussell schlief, weil er keinen Wohnwagen als Unterkunft hatte, während er mit verschiedenen Jahrmärkten unterwegs war. Ich machte mir Sorgen. Zu Recht, wie sich herausstellen sollte.

Jeden Abend, wenn er die Zelle betrat, nahm mein Zellnachbar seine dritten Zähne heraus und warf sie auf ein Regal. Mit derselben Hand fasste er die Knöpfe am Fernseher, den Türknauf und diverse andere Teile der Zelle an, die ich ebenfalls anfassen musste. Er wusch sich nie die Hände, nachdem er aufs Klo gegangen war. Wenn er im Bett lang, rieselte sein langes Haar Strähne für Strähne herab und fiel mir entweder aufs Kopfkisser oder ins Gesicht. Seine Unterwäsche war völlig ausgeleiert; wenn er also seine Beine über die Kante seines Bettes schwang, um hinabzusteigen, baumelte sein Gehänge frei in der Luft, so als handelte es sich dabei um gesellschaftlich akzeptables Verhalten. Wenn ich ihm erklärte, dass es echt nicht mein Ding war, dass er mir einen Blick auf sämtliche seiner Körperteile gewährte, antwortete er mit seiner tiefen, kratzigen Schaustellerstimme: „Tut mir leid." Diese Worte wurden zu seinem Markenzeichen.

Wenn ich ihn dazu bewegen konnte, zu duschen, kam er zurück und warf seine alte Unterwäsche in die Ecke nahe seinem Wäschesack. Wenn die Unterwäsche zuerst die Wand traf, blieb sie oft einfach dort kleben. Ich kam also in die Zelle zurück und sah dort eine dreckige, fleckige Unterhose an der Wand kleben und fragte mich, wie sie es schaffte, der Schwerkraft zu trotzen. Also zeigte ich auf das dort haftende anstößige Objekt und die Antwort war sein übliches „Tut mir leid". Hier war also ein Mann reifen Alters, bloß fünf Jahre jünger als ich, den man dazu anhalten musste, zu baden und seine Unterwäsche von der Wand abzuziehen.

Kurz vor seiner Verlegung in eine andere Anstalt hinterließ er mir ein letztes denkwürdiges Erlebnis. Als er sich auf die Abfahrt vorbereitete, duschte er, packte sein Zeug in eine Schachtel, griff sich eine Zahnbürste, gab einen großen Batzen Zahnpasta darauf und begann, seine falschen Zähne zu putzen, die er dabei im Mund trug. Ich lag auf meinem Bett und fragte mich, was er wohl mit dem schaumigen Gemisch vorhätte, denn die sanitären Einrichtungen befanden sich unten auf dem Gang. Nach einigem energischen Geschrubbe schnappte er sich seine Kaffee-tasse, die halb voll mit pechschwarzem Kaffee war, nahm einen großen Schluck davon, ließ das Gebräu aus Kaffee und Zahnpasta in seinem Mund kreisen und schluckte es runter. Angeekelt zuckte ich zusammen und fragte ihn, was er da täte. „Ist 'ne Methode, mir gleichzeitig die Zähne zu putzen und meinen Kaffee runterzukriegen", sagte er.

Obwohl ich sehr froh darüber war, ihn gehen zu sehen, muss ich doch zugeben, dass ich von ihm mehr gelernt habe als von vielen anderen Zellnachbarn. Vielleicht war das Wichtigste, das ich aus dieser Erfahrung mitnahm, ein Gefühl der Dankbarkeit. Aus irgendeinem Grund und durch welche Macht auch immer bin ich mit einem Leben gesegnet worden, das einige der Schwierigkeiten, mit denen dieser Zellnachbar in seinem Leben klarkommen musste, nicht beinhaltete. Ich kann mich selbst und meine Unterwäsche sauber und von der Wand fernhalten. Niemand muss mich darum bitten, meine Kleidung zu richten, damit ich mich nicht blamiere. Ich musste nie Nacht für Nacht unter einem öltriefenden Fahrgeschäft schlafen. Als er zur Tür hinausging, war ich froh darüber, ihn sagen zu hören, dass ich ihm ein guter Zellnachbar gewesen war. Das tut mir *nicht* leid.

Während ich das hier schreibe, habe ich meinen neunundvierzigsten Zellnachbar. Er schläft gerne am Morgen, wenn ich den Großteil meines Schreibens erledige. Das scheint meinen kreativen Prozess zu dämpfen. Er hat nur noch fünf Monate von seiner Strafe übrig. Wir befinden uns auf zwei verschiedenen Wegen. Er ist ein Kurzzeitinsasse und ich habe eine lange Zeit abgesessen, von der noch ein paar Jahre vor mir liegen. Der Unterschied ist vergleichbar mit dem zwischen einem Sprinter und einem Langstreckenläufer. Er muss nicht mit seinen Kräften haushalten. Ich schon. Ich finde es extrem schwierig, mich auf seinen unregelmäßigen Zeitplan einzustellen. Er bleibt lieber in der Wohneinheit, ich nicht. Er sitzt lieber quatschend mit Leuten in der Zelle zusammen, ich genieße die Stille, wann immer ich sie finden kann.

Mein Leben hat sich verändert, seitdem er mein Zellnachbar ist. Aber das galt für sämtliche 49 Zellnachbarn. Jedem Einzelnen von ihnen schulde ich eine dankbare Verbeugung dafür, mich beständig daran zu erinnern, dass es einfach ist, sich der Frustration zu ergeben. Es ist einfach, verbittert zu werden.

Es ist um einiges schwieriger, aber unendlich viel lohnender, demütig zu sein und rohe Emotionen in liebende Güte umzuwandeln.

Bulldog
und Weihnachten

Es fällt schwer, jemanden zu mögen, der laut und obszön ist.

Bulldog war nicht nur laut und obszön, sondern auch noch groß und stark. Nur wenige Leute wagten es, sich mit ihm anzulegen, und das wusste er. Auf seinen enormen Schultern trug er einen unglaublich großen Kopf, der von einem elektrisierten Afro eingerahmt wurde. Wenn er auf einen zukam, wirkte das insgesamt ungefähr so, als wenn man nachts einem heranrasenden Zug ohne Scheinwerfer im Wege stände. Ich hatte ihn nie wirklich jemanden verletzen sehen, doch ich kannte Gefangene, die Angst vor ihm hatten, und andere, die ihn mieden wie Mundgeruch.

Ich achtete ebenfalls darauf, mich von ihm fernzuhalten. Allerdings nicht aus Angst – Bulldog hatte mir schließlich niemals einen Grund dazu gegeben, mich vor ihm zu fürchten. Ich halte mich einfach nur ungern in der Nähe von lauten, aggressiven Typen auf. Jahrelang hatte ich keinen wirklichen Grund dazu, mich auf irgendeiner Ebene mit ihm einzulassen.

Die Weihnachtszeit kam (wie jedes Jahr) und kaum ein Insasse freute sich auf die Feiertage. Traditionell ereignen sich zu jener Zeit im Gefängnis mehr Kämpfe und Auseinandersetzungen als zu jeder anderen Zeit im Jahr. Emotionen kochen hoch, wenn die Gefangenen an vergangene Weihnachtsfeste, an ihre Familien und an unter dem Weihnachtsbaum verbrachte Zeiten denken. In den meisten Gefängnissen wird in dieser Zeit, die einem viel abverlangt, so gut wie nichts Besonderes veranstaltet. In unserem Fall gibt es ein Festtagsessen: Ein ganz gewöhnliches Essen wird durch die Zugabe von Preiselbeersoße und Füllung „festlich" gemacht.

Nach dem Essen stehen wir Schlange und bekommen dann eine Papiertüte, die einen Apfel, eventuell eine Mandarine oder

Orange und eine Banane enthält. Dieses Obst wird aus Läden eingekauft, die es nicht mehr loswerden können, weil es kümmerlich, grün oder überreif ist und daher die Kundschaft nicht anspricht. Gelegentlich findet sich in der Tüte auch ein Plastikbeutel mit Druckverschluss voller Lutschbonbons. Diejenigen, denen der Sinn danach steht, können zur Weihnachtsmesse in der Kapelle gehen. Oder man kann Nahrungsmittel im Gefängnisladen einkaufen. Wenn ein Gefangener das Geld dafür hat, kann er über einen Händler von draußen ein Feiertagspaket bestellen. In der Regel besteht es aus Fleisch und Käse. Davon abgesehen gibt es wenig, was Weihnachten von einem beliebigen anderen Tag unterscheiden würde. Ich glaube, das Einzige, was es im Gefängnis während der Feiertage im Überfluss gibt, ist Einsamkeit. Gute Laune hingegen ist Mangelware.

Am 19. Dezember 1995 war ich aus dem Gefängnis in Walla Walla innerhalb des Bundesstaates Washington ins *Airway Heights Correction Center* verlegt worden. Das Gefängnis war verhältnismäßig neu und lediglich eine Handvoll Männer bewohnte die Einheit, der ich zugewiesen worden war. Meine persönliche Habe, einschließlich der Kleidung, befand sich immer noch auf dem Transportweg, und wegen der bevorstehenden Feiertage konnte ich nicht damit rechnen, irgendwas davon bis zu irgendeinem Zeitpunkt im Januar oder Februar wiederzusehen. Mein Gefangenen-Konto ließ sich mindestens zwei Wochen lang nicht aktivieren, was bedeutete, dass ich mittellos war.

Wir alle verbrachten die Feiertage in der fast leeren Einheit, ohne etwas zu tun zu haben. Es gab nicht einmal eine Weihnachtskarte oder irgendeinen traditionellen Weihnachtsschmuck, der einen besonderen Anlass angezeigt hätte. Da die Kapelle noch nicht fertig gebaut war, wurde aufgrund des begrenzten Fassungsvermögens eine Messe für maximal 120 Mann angeboten. Ich weiß zwar nicht, was die anderen tausend Mann taten, aber ich las ein Buch und versuchte, nicht über dieses schlimmste Weihnachtsfest meines Lebens nachzudenken. Ich schwor mir, Weihnachten nie wieder auf diese Weise verstreichen zu lassen.

In der nächsten Weihnachtszeit suchte ich einige Freunde auf und bat sie darum, mir dabei zu helfen, eine Weihnachtsfeier zu veranstalten. Mittlerweile waren wir alle besser dafür gerüstet, verschiedene Sorten Snacks und Getränke beizusteuern. Jemand aus der Bücherei, in der ich arbeitete, hatte einen großen Stapel Geschenkpapier weggeworfen. Ich nahm ihn auf meine Zelle mit und stellte fest, dass die Hälfte davon Weihnachtspapier war. Ich suchte alles von Wert zusammen, was ich hatte, solche Dinge wie eine Dose Kaffee, Süßigkeiten und Shampoo. Diese Sachen packte ich ein und nummerierte sie, um später jedem eingeladenen Gast bei seiner Ankunft eine Nummer zu geben. Wir verwendeten das von *Hickory Farms* gestiftete Fleisch und den Käse aus unserem Feiertagspaket, um Aufschnittplatten anzurichten, und dazu machten wir Bohnendips, hausgemachten Honigsenf und Fruchtpunsch. Wir luden so viele Leute wie möglich ein und, wenn ich das selber so sagen darf, amüsierten uns großartig. Am Schluss der Party bekam jeder mit einer Nummer ein entsprechend nummeriertes und liebevoll eingepacktes Geschenk. Unsere Party war ein Jahr lang im Gefängnis das Gesprächsthema schlechthin.

Drei Wochen vor meinem dritten Weihnachtsfest dort zog Bulldog in meine Einheit – auf derselben Seite wie ich. Nun war es unmöglich, ihn nicht zu beachten. Er hatte sich nicht geändert; er war immer noch laut und aggressiv. Außerdem arbeiteten wir im selben Bereich. Unsere Beziehung zueinander war bestenfalls kollegial.

Es war die Zeit des Jahres, zu der alle sich auf das vorbereiteten, was mittlerweile als die „traditionelle Weihnachtsfeier" angekündigt wurde. Bei diversen Gelegenheiten erwähnte Bulldog, dass er von unseren Partys gehört hätte, doch es kam mir nie in den Sinn, ihn einzuladen. Einige Tage vor der Party lud ich alle Gäste aus dem vorigen Jahr ein und noch ein paar Leute mehr. Als ich an Bulldogs Zelle vorbeiging, brachte irgendwas mich dazu, anzuhalten. Ich ging zurück und lud ihn ohne Umschweife zu unserer Party ein. Er reagierte mit Argwohn.

„Warum lädtste mich ein?", grunzte er aus seiner Tür. In der Hoffnung, ein langes Gespräch zu vermeiden, teilte ich ihm mit, dass es für mich ein Weg wäre, Buddhismus zu praktizieren. „Oh, du bist'n Booty-hist?!", lachte er.* „Ja, so in etwa", antwortete ich und ging weiter. Als sie hörten, was ich getan hatte, beschlossen zwei Leute, nicht zu kommen. Andere hatten ernsthafte Bedenken. Ich zog den Plan durch und hoffte dabei auf das Beste.

Mittlerweile hatte ich ein Rezept erfunden, um mithilfe meiner Leselampe aus den Zutaten, die ich im Gefängnisladen bekommen konnte, einen Kuchen zu backen. Ich vermengte drei Minischachteln *Rice Krispies* mit geschmolzenen *Rocky-Road*-Schokoriegeln und drückte sie zum Aushärten in eine Schüssel. In der Zwischenzeit brachte ich Riegel aus Milchschokolade zum Schmelzen und gab einen Esslöffel starken heißen Kaffee hinzu. Sobald die *Rice-Krispie*-Mischung hart war, stürzte ich sie aus der Schüssel und glasierte sie mit der geschmolzenen Schokolade. Während die Glasur sich verfestigte, drückte ich die Kante eines Lineals in die Glasur, um Einkerbungen zu erzeugen, und Stücke zu markieren. Auf den unteren Rand des Kuchens sowie zwischen jedem einzelnen Stück brachte ich eine Verzierung aus Kaffeepulver an. Ich raspelte einen großen Haufen aus Schokosplittern von einem Schokoriegel und besprenkelte damit den ganzen Kuchen. In die Mitte drückte ich eine kandierte Kirsche, die ich aus einer der schokoladenüberzogenen Kirschen herausgeholt hatte, die der Gefängnisladen während der Feiertage verkaufte. Der Gesamteindruck war sehr imposant und es sah aus, wenn ich das selbst behaupten darf, als wäre der Kuchen in der Bäckerei gekauft worden. Zusätzlich bereiteten wir mit der Hilfe von Freunden noch eine Vielzahl von Bündeln mit Süßwaren sowie Desserts zu.

Wir hatten auch wieder Geschenke eingepackt und jeder – Bulldog eingeschlossen – bekam etwas. Interessant war, dass alle Gäste ihre beste „Zivilkleidung" trugen und sich besonders darum

* Da es sich bei *booty* um eine vulgäre Bezeichnung für das (meist weibliche) Gesäß handelt, war dieses Wortspiel nicht unbedingt die charmanteste Antwort.

bemühten, es für alle zu einem besonderen Ereignis werden zu lassen. Die gesamte Party über verhielt sich Bulldog ruhig und war zu allen nett. Richtig lebhaft wurde er allerdings, als wir die Nummern für die Geschenke ausriefen. Als er seines in Empfang nahm, war er wie ein Kind unter dem Tannenbaum! Später erzählte er mir, dass es ihm immens viel Freude bereitet hätte.

Nach jener Weihnachtsfeier wurde Bulldog in ein anderes Gefängnis verlegt. Drei Jahre später sah ich ihn wieder. Er wurde gerade in eine andere Einrichtung gebracht und näherte sich dem Ende seiner Haftstrafe. Als er mich sah, kam er zu mir herübergeeilt, verpasste mir eine gewaltige Umarmung und ließ ein für ihn untypisches Lächeln aufblitzen. Er schüttelte den Kopf und schlug mir heftig auf den Rücken, was mich fast umhaute. Laut genug, dass es auch noch alle Leute im angrenzenden Staat hören konnten, verkündete er, wie viel jenes Weihnachtsfest ihm bedeutet hätte und dass *das* sein schönstes Erlebnis in all seinen Jahren im Gefängnis gewesen wäre. Er drückte mich noch mal an sich, wodurch er mich beinahe umbrachte, und machte sich auf den Weg, wobei er noch sagte, nun wüsste er auch, was Booty-histen wären.

„Ach?", rief ich. „Und was sind wir?"

„Weihnachtsmänner ohne Kostüme!", schrie er, lachte und spazierte dann aus meinem Leben.

Unabhängig von der Religion oder den Umständen kann Weihnachten eine Zeit von Liebe, Verständnis, Gemeinsamkeit und Mitgefühl sein. Als ich Bulldog jenes letzte Mal sah, wurde mir wahrhaft bewusst, dass jeder und jede Einzelne von uns, ganz egal, wie unsympathisch er oder sie auch wirken mag, ab und an ein wenig Weihnachten braucht.

Der Heimat ein Stückchen näher

Das Gefängnisleben in Amerika ist eine einzigartige, unverkennbare Subkultur. Das Gefängnis hat seine eigenen Regeln, seine eigene Gesellschaftsordnung und seine eigenen Erwartungen. Es gibt ungefähr sechs Themen, über die Gefangene reden: Verbrechen und Strafe, Sex, Drogen, legale Arbeit, Sport und Essen. Gelegentlich kommen auch mal andere Themen auf, doch im Großen und Ganzen drehen sich Gespräche tendenziell um jene Themen. Es kommt selten vor, dass zwei Gefangene sich zusammensetzen und ein Gespräch über Angelegenheiten der Weltpolitik, Musik, Kunst, Bücher, Reisen oder andere kulturbezogene Themen führen. Noch seltener ist es, mit jemandem über Gefühle und Emotionen zu reden. Sich auf diese Weise zu entblößen, ist in einem Umfeld, in dem Aufwiegler bloß auf eine Chance lauern, deine Wehrlosigkeit auszunutzen, nicht gerade weise. Wenn dir etwas mehr Bildung zuteilgeworden ist, als das Sandkasten-Einmaleins, und dein Erfahrungsschatz die Grenzen eines Sessels und einer Fernbedienung sprengt, könntest du dich bei einem Aufenthalt im Gefängnis in ernstlichen Schwierigkeiten wiederfinden. In der intellektuellen Wüste des Knastes kann es sehr schnell geschehen, dass man träge wird und den beschränkten Konversationen und dem Klatsch verfällt.

Jeder in dieser Umgebung kennt Sehnsucht und fühlt von Zeit zu Zeit die drückende Last der Depression. Für diejenigen, die den Versuch unternehmen, sich hervorzutun und sich aus dem erdrückenden Schlamm des gewöhnlichen Gefängnislebens zu erheben, ist *Einsamkeit* unweigerlich mehr als ein bloßer abstrakter Begriff. Der Mensch dürstet förmlich nach einem tröstenden Wort, einer liebevollen Berührung und einem verständnisvollen Ohr. Da in der Welt der Inhaftierten alles von unbeständigem Wesen ist, kommt es selten vor, dass Gefangene sich trauen, in die Gefilde aufrichtiger Freundschaft vorzudringen. Die meisten schleppen sich lieber durch Monate und Jahre der Einsamkeit, ohne echten zwischenmenschlichen Kontakt herzustellen. Das Ergebnis hiervon ist so eine Art schleichender Tod bei lebendigem Leib. Wenn ich diese Verschwendung menschlichen Potenzials sehe, wenn ich höre, wie Menschen ihre Zukunft für Hirngespinste verpfänden, wenn ich den Mangel an Orientierung sehe, den Gefängnisse aufrechterhalten, empfinde ich unbeschreiblichen Verlust und tiefe Verzweiflung. Anstelle von Bildung fördert das Vollzugssystem ein Verhalten, das Rückfälle begünstigt. Ich glaube, die meisten Gefangenen treten in einem Zustand wieder in die Gesellschaft ein, der schlimmer ist als derjenige, in dem sie sie verlassen haben. Hinzu kommt, dass von ihnen erwartet wird, in einem Leben zurechtzukommen, auf das sie schlecht vorbereitet sind.

Ein geringer Prozentsatz der Insassen versucht jedoch, sein Leben zu verbessern. Diese Gefangenen bemühen sich darum, ihre Zeit sinnvoll zu nutzen und bessere Menschen zu werden. Sie sind dazu entschlossen, sich einen Weg vom Leiden weg zu bahnen und richten sich auf das aus, was zählt. Sie tun das trotz schlechter Aussichten und zahlreicher Hindernisse, und mit wenig oder gar keiner Hilfe von draußen. Es ist leicht, diese Menschen innerhalb von Gefängnismauern zu erkennen. Es sind diejenigen, die beständig, teils mit großem Mut, gut zu anderen sind. Sie leben ihr Leben auf mitfühlende Weise und sprechen über das jedem Menschen innewohnende Potenzial. Und bemerkenswerterweise lächeln sie eine Menge. Viele dieser Leute sind in spiritueller Praxis verwurzelt und meditieren regelmäßig.

Einer von den Menschen, die versuchten, ihr Leben zu verbessern, war Casey. Er begann, Buddhismus mit der Gefängnis-Sangha im Hochsicherheitsgefängnis von Walla Walla im Bundesstaat Washington zu praktizieren. Als er in das Gefängnis der mittleren Sicherheitsstufe in Airway Heights verlegt wurde, hatte er bereits gelernt, unter aufreibendsten Bedingungen zu praktizieren. Im Hochsicherheitsgefängnis, wo der Lärm aus zuschlagenden Toren und Geschrei niemals endet, machte Casey die Entdeckung, dass schroffe Klänge kein Hindernis für die Praxis darstellten. Er lernte, die plötzlichen, durchdringenden Geräusche des Gefängnisses für sich wie einen Gong einzusetzen. Während er meditierte, und auch, wenn zu anderen Zeiten ein lautes Geräusch seine Aufmerksamkeit an sich riss, nutzte Casey die Störung, um innezuhalten und seine Aufmerksamkeit wieder auf den gegenwärtigen Augenblick zu richten. Mit einem warmen Lächeln erzählte er mir, dass er sehr viel Zeit damit verbrachte, erst in diesem und dann in jenem gegenwärtigen Augenblick zu verharren.

Casey kommt aus Hawaii. Er ist klein und dünn, und das Größte an ihm ist sein strahlendes Lächeln, das spontan und häufig aufblitzt. Sein Lächeln ist ein integraler Bestandteil seiner Persönlichkeit und verblasst nur selten. Meine erste Begegnung mit Casey hatte ich bei unserer buddhistischen Praxis und dort fiel er mir sofort auf. Seine spirituelle Arbeit mit einem Lehrer aus der Theravadan-Tradition, während er in Walla Walla einsaß, hatte ihm die Wertschätzung fürs Meditieren eingeflößt. Ich nehme an, dass er eine natürliche Neigung dazu hatte, sich auf alles, was ihm am Herzen lag und einleuchtete, hingebungsvoll einzulassen. Seine Gegenwart bereicherte unsere wöchentlichen Treffen spürbar. Seine mit einem gewinnenden Lächeln gepaarte Aufrichtigkeit schuf immer eine Atmosphäre freundlicher Ruhe.

Ungefähr zu der Zeit, als ich Casey begegnete, war ich auf der Suche nach einem Zellengenossen. Die ideale Konstellation für mich ist es, einen Zellengenossen zu haben, der ebenfalls Meditation praktiziert. Neben dem, was man sich sonst von seinem Zellengenossen erhofft – dass er sauber, ehrlich und selbstständig ist –, ist das beste aller möglichen Szenarien, einen Buddhisten zur Seite zu haben, mit dem man gemeinsam praktizieren kann. Normalerweise werden Insassen einfach aufs Geratewohl zusammengesteckt. Manchmal funktioniert das zwar, doch wesentlich häufiger führt es zu allen möglichen Konflikten.

Wenn zwei Leute in einem Raum von der Größe eines Bade-
zimmers untergebracht sind, müssen sie mehr Zeit zusammen verbringen als Eltern mit ihren Kindern oder Ehepartner miteinander.
Du musst lernen, dich auf „jene andere Person" einzustellen. Es
gibt zahlreiche Gelegenheiten, mit Situationen zu üben, die dich
dazu zwingen, in den Spiegel deiner Seele zu schauen. Doch die
Wahrheit ist: Wenn wir in anderen etwas sehen, das uns nicht
gefällt, liegt das oftmals daran, dass es etwas widerspiegelt, das
wir an uns selbst nicht mögen. Wenn du allerdings tiefes Zuhören, Mitgefühl und Verständnis übst, kann so gut wie jeder ein
„guter" Zellengenosse sein – oder zumindest jemand, an dem man
irgendeine gute Eigenschaft entdecken kann.

Manchmal läuft aber auch alles perfekt. Es ergab sich einfach so, dass Casey zu mir in die Zelle ziehen konnte. Im Nu ent-
wickelten wir eine Kameradschaft, die unser Leben angenehmer
machte. Wir legten für jeden Abend eine Zeit zum Praktizieren fest
und saßen gemeinsam nach dem Einschluss, wenn es still war.

Nach einigen Monaten waren unsere Freundschaft und
unser gegenseitiger Respekt gewachsen. Wir erzählten einander
unsere Lebensgeschichten und verstanden unsere gemeinsame
Verbundenheit dadurch besser.

Casey hatte in vielerlei Hinsicht gelitten und im Gegenzug
viele andere Leute leiden lassen. Nun führte ihn seine spirituelle
Praxis dazu, seine Zukunft mit anderen Augen zu betrachten. Er
fühlte, dass irgendetwas daran besser war, ja bedeutsamer war als
an der Art und Weise, wie er sein Leben davor geführt hatte. Er
wollte sich ändern. Er wollte in Frieden mit seiner Familie leben.
Er wollte seinem alten, von Unverantwortlichkeit und Drogenkonsum geprägten Leben den Rücken kehren. Er wollte in seine Heimat Hawaii zurückkehren.

Bevor Casey jedoch für die auf die Freilassung nach einer
Inhaftierung folgende Überwachungszeit nach Hawaii überwiesen
werden konnte, galt es, zwei beträchtliche Hürden zu überwinden.
Erstens konnte er nicht verlegt werden, solange er seinen gesetzlichen finanziellen Verpflichtungen (Legal Financial Obligations,

LFO) nicht nachgekommen war.* Hierbei handelt es sich um Gebühren, die der Staat einem in Rechnung stellt, um Gerichtskosten, Opferentschädigungen und Geldstrafen zu finanzieren. Caseys ursprüngliche Schulden betrugen etwa 1.300 Dollar. Durch die gesetzliche Verzinsung von 12 Prozent, die diesem Betrag jährlich zugeschlagen wurde, waren diese Schulden auf mehr als 1.800 Dollar gestiegen. Zu dem Zeitpunkt, an dem Casey schließlich aus dem Gefängnis entlassen werden würde, betrügen seine gesetzlichen finanziellen Verpflichtungen mehr als 4.000 Dollar. Die Zinsen würden sich weiter anhäufen, solange seine Beaufsichtigung vor Ort andauerte. Monatlich müsste er allein zur Tilgung der Zinsen fast 50 Dollar zahlen. Einige Leute werden nie dazu in der Lage sein, im Laufe ihres Lebens die Strafen und Gebühren abzuzahlen. Die monatliche Verzinsung wird immer höher sein als ihr monatliches Einkommen. Casey hatte Glück, dass seine Gebühren so niedrig waren. Dennoch würde der Staat ihm erst nach kompletter Begleichung der Gebühren eine Verlegung nach Hawaii erlauben.

Mir war klar, dass Casey in der Patsche steckte. Wenn er aus dem Gefängnis entlassen würde, müsste er sich mit dem „Übergangsgeld" von 40 Dollar, das jeder Gefangene bei seiner Entlassung erhält, einen Job und eine Bleibe suchen. Sobald er einen Job und ein Einkommen hätte, müsste er drei Jahre lang etwa 150 Dollar pro Monat davon abdrücken.

Und dann kam noch die zweite Hürde. Der einzige Ort, wohin Casey gehen konnte und an dem er irgendwen kannte, war sein altes Viertel. Dort lauerten noch all die alten Versuchungen und Einflüsse. Um nicht wieder in die alten Fallen zu tappen, benötigte er schon eine sehr stabile Ausrichtung und äußerst viel Hingabe. Aus statistischer Sicht landen 87 Prozent der Leute in Caseys Lage wieder im Gefängnis. Es gibt offenbar ein festes Schema fürs Scheitern. Ich habe es Hunderte von Malen miterlebt. Männer

---

* Im deutschen Rechtssystem werden diese Auslagen nicht auf die gleiche Weise von verurteilten Straftätern zurückverlangt – insbesondere findet hierzulande nicht die im Folgenden beschriebene Verzinsung des Betrages statt.

verlassen das Gefängnis mit großen Hoffnungen und Zielen. Ein paar Monate oder manchmal auch Jahre später kehren sie zurück, mutlos und verwirrt, und haben für gewöhnlich noch mehr Zeit abzusitzen als davor.

Der Mensch, mit dem ich zusammenlebte, der Mensch, mit dem ich jeden Tag gemeinsam praktizierte, der Mensch, der allmählich zu einem wahren Freund wurde, sah sich einer Zukunft gegenüber, die einer Einberufung in den Krieg ähnelte. Vielleicht würde er überleben, vielleicht auch nicht. Seine Aussichten waren spärlich. Ich wollte, dass er zumindest eine faire Chance auf ein Leben außerhalb der Gefängniswände besaß. Ich musste also tun, was ich konnte, um ihm zu helfen.

Eines Abends nach der Praxis saßen wir in zufriedener Stille auf unseren gefalteten Decken. Einige Minuten vergingen, während wir die friedliche Atmosphäre in uns aufsogen und die letzten Spuren des duftenden Räucherwerks einatmeten. Ich wandte mich Casey zu und brach die Stille, um ihm mitzuteilen, dass ich mir einige Vorgehensweisen überlegt hatte, um ihm mit den Plänen bezüglich seiner Freilassung behilflich zu sein. Eine Sekunde lang lächelte er mich bloß an, dann traten ihm Tränen in die Augen, die mehr sagten, als Worte es getan hätten. Ein derartiges Unterfangen würde definitiv eine Menge von unserer Zeit in Anspruch nehmen, und ich hatte mich auf ein langes und beschwerliches Ringen eingestellt. Ich ahnte schließlich nicht, dass es sich letzten Endes eigentlich als recht einfach herausstellen sollte.

Der einzige Mensch, den ich auf Hawaii kenne, ist Kobai Scott Whitney, Mitglied der *Honolulu Diamond Sangha*, Herausgeber einer Zeitschrift und seit 20 Jahren praktizierender Buddhist. Kobai war vor langer Zeit mit mir in Kontakt getreten, als er gerade dabei war, ein Buch mit dem Titel *Sitting Inside: Buddhist Practice in America's Prisons** zu schreiben. Er wollte sich nach den Erfahrungen erkundigen, die ich beim Praktizieren im Gefängnis gemacht hatte. Wir schrieben uns jahrelang hin und her

....

*   Dieses Buch ist nicht in deutscher Übersetzung erhältlich.

und ich fand es völlig in Ordnung, ihn um Hilfe dabei zu bitten, für Casey einen Lehrer auf Hawaii zu finden. Er versprach mir, sich darum zu kümmern. Bald darauf erhielten wir die Nachricht, dass Michael Kieran von der *Honolulu Diamond Sangha* sich dazu bereit erklärt hatte, Caseys Lehrer zu sein. Das verschaffte Casey auf Hawaii schon mal zwei positive Kontakte aus stabiler. Verhältnissen, die ihn bei seiner Praxis unterstützen würden und ihm bei seiner Eingliederung vom Gefängnis in die Gesellschaft behilflich sein könnten.

Die nächste große Hürde waren die gesetzlichen finanziellen Verpflichtungen. Wie konnte man diese wohl abgelten, bevor die Zinsen die Hauptforderung übersteigen würden? Nicht zum ersten Mal wandte ich mich an einen Zen-Priester aus der Schweiz, mit dem ich in Kontakt stand und den ich hier einmal Johan nennen werde. Ursprünglich hatte ich ihm 1995 geschrieben und um eine Buchspende für unsere Gefängnisgruppe in der Vollzugsanstalt Walla Walla gebeten. Er antwortete umgehend, indem er Dutzende besonders schöner buddhistischer Texte spendete.

Seit diesem Zeitpunkt hatten Johan und ich unseren Kontakt aufrechterhalten, und während dieser ganzen Zeit hat er mir großzügig geholfen, oft sogar ohne eine Bitte meinerseits. Sein Glaube an mich und sein Vertrauen in mich sowie seine Güte haben mich zu meinen Bemühungen inspiriert, ein möglichst guter Mensch zu sein. Wir sind gute Freunde und seine Briefe sind glasklare Fenster, die mir deutliche Aussichten auf ein mögliches Leben nach dem Gefängnis gewähren. Meine Mutter besuchte Johan während einer Europareise, und nun halten die beiden ebenfalls sporadischen Kontakt miteinander. Dennoch zögerte ich ein wenig, als es darum ging, ihn darum zu bitten, Casey aus seiner misslichen Lage zu helfen. Doch es gab keinen Grund dafür. Sobald er meinen Brief bekommen hatte, schrieb Johan zurück und teilte mir mit, dass Caseys Schulden komplett getilgt worden waren!

Ich war von der mitfühlenden Resonanz der Menschen aus der buddhistischen Gemeinschaft überwältigt. Immer wenn ich fragte, hat jemand geantwortet. Das Ausmaß der Unterstützung durch Kobai und Johan überstieg meine kühnsten Träume. Ihr Engagement und ihre Akte liebender Güte kamen aus tiefstem Herzen. Bis zum heutigen Tage dient mir ihre Großzügigkeit und die Art und Weise, wie sie die Ideale des Buddhismus verkörpern, als Quelle der Inspiration.

Schon bald nach dieser frohen Botschaft wurde Casey in eine andere Vollzugsanstalt verlegt. Er hält weiterhin Kontakt mit seinem Lehrer. Kobai besuchte ihn und die Gefängnis-Sangha im *Stafford Creek Correction Center*, als er wegen seines Buches dort war, und traf Casey in guter Verfassung an. Casey hat zum ersten Mal, seitdem er sechs Jahre alt war, wieder Kontakt zu seiner Mutter aufgenommen. Er schmiedet hoffnungsvolle Zukunftspläne.

Seine Gesellschaft fehlt mir sehr. Es fehlt mir, mit ihm zu sitzen. Sein Lächeln und sein fröhlicher Charakter fehlen mir. Es ist zwar nicht mehr so angenehm, meine Zeit abzusitzen, wie es das mit ihm mal war, doch ich bin froh darüber, zu wissen, dass er nun seiner Heimat ein Stückchen näher ist.

Ätherisches Öl

In meiner Zelle befinden sich zwei 13 Zentimeter breite und 1,80 Meter hohe Sehschlitze mit Glasscheiben darin. Das sind die Fenster, die den Strahlen der Morgensonne eine Gelegenheit bieten, die gelblich-braunen Wände und die Decke zu erhellen. Ich habe Glück, dass meine Fenster nach Osten hin liegen.

Die Aussicht durch diese mit dem Dreck von Jahren überzogenen Glasscheiben kann wundervoll sein, vor allem morgens, wenn Schichten verschiedener Farben die zerklüftete Skyline der in der Ferne liegenden Rocky Mountains in Szene setzen. Von den Hügeln und Bergen, die sich von diesen spitzen Gipfeln aus erstrecken, erhält jeder seinen eigenen bläulichen, violett-grauen Farbton, wenn die Sonne ihren ersten Auftritt hat. Manchmal füllt Nebel die Täler, und nur die höchsten Berge sind zu sehen. An anderen Tagen brauen sich Stürme über den Gipfeln zusammen und türmen sich zu Bannern aus wogenden Wolken auf, die Vulkanausbrüche nachahmen.

Diese Fenster lassen sich nicht öffnen. Es kommt niemals frische Luft ins Gebäude. Luft wird angesaugt und umgewälzt. Sie wird von 260 Leuten gemeinsam verbraucht und wird dadurch schnell muffig. Der Essensgeruch, gemischt mit dem scharfen Aroma von Schweiß und ranzigem, abgestandenem Tabakqualm wird nur von Toilettengerüchen in den Schatten gestellt, vor allem, wenn Bohnen auf der Speisekarte stehen. So ziemlich die einzige Methode, den Gestank zu kaschieren, ist, Räucherwerk zu verbrennen oder ätherische Öle in Lüftungen oder auf eine Lampe zu träufeln. Wenn du von draußen kommst und die Wohneinheit betrittst, riecht es manchmal so, als hätte jemand eine Rose ausgefurzt. Aber da gewöhnt man sich dran.

Das, woran du dich niemals gewöhnst, ist der Lärm. Einige Leute, so wie Casey, finden einen Weg, die ständigen Unterbrechungen als Mantra zu benutzen, als einen Gong, der ihre Aufmerksamkeit auf den gegenwärtigen Moment lenkt. Und einige Ansagen, so wie „Zählzeit" (die drei Mal jeden Tag zu den gleichen Zeiten ausgerufen wird) kannst du als Aufruf zur Meditation benutzen. Du beginnst mit deiner Praxis 30 Minuten vor der Zählzeit, und wenn sie die Zählzeit ausrufen, beendest du deine Sitzung, ohne auf die Uhr schauen zu müssen. Doch für die meisten Leute sind die ständigen Ansagen von viertel vor sechs Uhr morgens bis Mitternacht – an einem Tag zählte ich einmal innerhalb einer Zeitspanne von zwölf Stunden mehr als hundert Ansagen, die ausriefen, dass die Insassen dies oder das tun sollten – das, woran man sich einfach nie gewöhnt. Und sie sind nicht einmal die einzige Geräuschquelle. Im Gemeinschaftsraum sind Dutzende Tische in der Nähe eines Fernsehers aufgestellt, in dem die aktuellste Sitcom sich einen Wettkampf mit den an der hohen Decke strategisch verteilten Lautsprechern liefert. An den Tischen sitzen Männer, spielen Karten und schreien über den Lärm hinweg, um gehört zu werden. Die psychisch Kranken wandern ziellos von Tisch zu Tisch und betteln dabei um Kaffee oder Tabak. Der Lärm ist ohrenbetäubend.

Zum Glück haben die Zellen in Airway Heights im Gegensatz zu den meisten Gefängnissen im Bundesstaat Washington, wo bloße Gitterstäbe die Norm sind, Türen mit einem Fenster darin. In die eigene Zelle zu gehen und die Tür zu schließen, ist eine der wenigen Auszeiten, die einem vergönnt sind. Ich hege einen gewissen Stolz auf meine Fähigkeit, innerhalb der Grenzen meiner Zelle, die ich als „das Haus" bezeichne, eine Atmosphäre von Frieden und Sicherheit zu schaffen. Jeder Zellengenosse, den ich bisher hatte, hat mich darauf angesprochen. Oft bleiben sie lieber im Haus, als sonst irgendwo hinzugehen.

Ron zog zu mir ins Haus, nachdem mein voriger Zellengenosse in eine andere Anstalt verlegt worden war. Ron war ein junger Möchtegern-Gang-Typ, der bemüht war, das Richtige zu tun, aber Schwierigkeiten damit hatte, das Image abzulegen, das er sich auf der Straße zugelegt hatte. Mit der Zeit entspannte er sich und wir wurden gute Freunde. Ich teilte alles mit ihm, was ich hatte, und ermunterte ihn dazu, zu trainieren, um in Form zu bleiben, und sich um einen Job zu bewerben. Obwohl Ron nicht sonderlich motiviert war, begann er allmählich, sich für buddhistische Praxis zu interessieren. Er stellte mir Fragen zu Meditation und dazu, warum ich um fünf Uhr morgen aufstand, um vor einem hölzernen Buddha rumzusitzen. Auf eine Weise, die nur diejenigen zu schätzen wissen, die in Haft sitzen, machten wir unser Haus zu einem Heim.

Es geschah, als ich nach einer heißen Dusche meine Seife und mein Shampoo wegräumte. Mir fiel auf, dass der Inhalt einer meiner Flaschen mit ätherischem Öl geringer war, als ich das in Erinnerung hatte. Etwa fünf bis zehn Minuten lang ging ich immer wieder zu der Flasche zurück, sah sie mir an, und versuchte, auf eine Erklärung dafür zu kommen. Eine Zeit lang war ich mir sicher, dass ich offenbar einen Anlass vergessen haben müsste, an dem ich entweder etwas von dem Öl benutzt oder verschenkt hatte. Doch dann konnte ich mich ganz klar entsinnen, dass das Öl am vorigen Abend noch dagewesen war.

Ich fragte Ron, ob er mein Öl benutzt hätte, was allerdings immer noch nicht die fehlende Menge erklärt hätte. Er versicherte mir, dass er nichts davon wüsste. Ich fragte ihn, ob es möglich wäre, dass sich jemand das Öl gegriffen und sich etwas davon abgezwackt hatte, während er dabei gewesen war, das Haus sauber zu machen, und danach das halb volle Behältnis zurückgestellt hatte. Ron sah verwirrt aus und sagte, er wäre auf die Gemeinschaftstoiletten gegangen, während der Boden trocknete, und zu jenem Zeitpunkt hätte das wohl passiert sein können. Ohne dass mir auch nur im entferntesten in den Sinn gekommen wäre, dass Ron möglicherweise gelogen haben könnte, geriet ich bei dem Gedanken, dass jemand dreist genug war, einfach hereinzuspazieren und das Öl von meinem Regal zu nehmen, in Rage. Ich schwor mir, den Schuldigen zu finden.

In jener Nacht ging ich vor dem Einschluss von Tür zu Tür und schnüffelte dabei wie ein Bluthund auf der Fährte seiner Beute. Plötzlich erkannte ich den unverwechselbaren Duft von

Firdaus-Öl. Niemand sonst hatte ätherisches Öl, das so roch wie meines. Und hier strömte dieser Duft hinter der geschlossenen Tür hervor. Ich klopfte und fragte den Bewohner, wo er denn ein so wohlriechendes Öl gekauft hätte. Ohne zu zögern teilte er mir mit, dass mein Zellengenosse es ihm verkauft hatte! Die im Gefängnis am meisten gehasste und verachtete Person ist der „Knastdieb". Wenn er erwischt wird, ist eine Tracht Prügel das Mindeste, womit er rechnen muss. Wenn es sich um deinen eigenen Zellengenossen handelt, ist es noch übler. Dann ist dein Zufluchtsort geschändet worden. Vertrauen wurde gebrochen. Eine Freundschaft ruiniert. Das Haus existierte nicht mehr. Als ich zur Zelle zurückging und mich dabei auf die unweigerliche Auseinandersetzung vorbereitete, mischte sich das Gefühl der Verletzung und Enttäuschung mit Zorn. Als ich die Zelle betrat, gestand Ron sofort alles, da er irgendwie spürte, dass ich die Wahrheit herausgefunden hatte.

Ohne es zu bemerken, befand ich mich in meiner Praxis an einem Scheideweg. Ich lag auf meinem Bett, ohne irgendwas zu tun oder zu sagen. Je mehr ich über die Situation nachdachte, desto stärker schien meine Wut zu schimmern wie die Luft über heißem Asphalt an einem Tag im Hochsommer. Wir wurden zur Nacht eingeschlossen. Wir mussten zusammen am gleichen Ort sein. Ich stand auf, zündete ein Räucherstäbchen an und setzte mich vor meinen Altar. Langsam, sehr langsam begannen sich meine Gedanken an Rache, Verrat und Verletzung aufzulösen.

Zwanzig Minuten vergingen. Ich räumte alles weg, stand auf und wandte mich Ron zu, der ruhig dalag und eine Konfrontation erwartete. In sanftem Tonfall ohne Anflug von Zorn ließ ich ihn wissen, wie ich mich fühlte. Ich teilte ihm mit, dass der Grad unseres gegenseitigen Vertrauens sowie unsere Freundschaft durch sein Handeln nachteilig beeinflusst worden waren. Ron entschuldigte sich und erklärte mir, dass er versuchte, ein Tape aufnehmen zu lassen, und mein Öl dafür als Bezahlung benutzt hatte. Er schlug mir vor, sich nach einer anderen Zelle umzusehen, in die er einziehen könnte. In Anbetracht der Umstände versuchte ich nicht, ihn davon abzuhalten. Diese Nacht bleibt mir allein durch die Tiefe ihrer Traurigkeit im Gedächtnis.

Am nächsten Tag hatte die Nachricht über den „Öl-Vorfall" die Runde gemacht. Einige Leute lagen auf der Lauer und warteten darauf, dass etwas passieren würde. Währenddessen kümmerte sich Ron um den Umzug in eine andere Zelle und gab dabei vor, sich nach einer besseren Ort zum Wohnen umzusehen. Er tat alles, was er konnte, um sich von mir und von seinem Verhalten zu distanzieren. Trotz seines Verhaltens war mir klar, dass das in Wirklichkeit ein Hilferuf war. Mir kam es so vor, als verhielte er sich wie ein Kind, dass seinem Vater „Ich hasse dich!" zuschreit, während es sich tatsächlich unglücklich, verängstigt, verwirrt und beschämt fühlt.

Ron zog in eine andere Zelle um. Zur gleichen Zeit begann er damit, einige seiner alten Verhaltensmuster zu ändern. Er hörte auf damit, faul zu sein und startete ein tägliches Trainingsprogramm. Er machte jeden Morgen seine Zelle sauber und schien zu versuchen, seine Zeit so gut wie möglich abzusitzen. Zu guter Letzt bekam er den Job, den er gesucht hatte, und hatte so auch sein eigenes Einkommen.

Außerdem fing Ron damit an, an der buddhistischen Praxis sowie an gelegentlichen Retreats teilzunehmen, wobei er jedoch aufgrund seiner christlichen Erziehung mit seinem Gewissen zu ringen hatte. Allmählich erkannte Ron die Bedeutung von Meditation und achtsamem Praktizieren. Ihm wurde klar, dass man durch das Praktizieren des Buddhismus nicht zwingend irgendetwas aufgeben muss – nicht einmal Gott. Er stellte vielmehr fest, dass die Praxis ihm dabei half, eine Bewusstheit zu entwickeln, die es ihm ermöglichte, alles, was er dachte, tat und sagte, unverstellter und klarer zu betrachten.

Trotz allem, was zwischen uns beiden vorgefallen war, blieben Ron und ich eng befreundet. Ich konnte den Gedanken nicht ertragen, die Bürde aus Groll, Hass und Wut mit mir herumzutragen. Als ich sie losließ, geschah etwas Ungewöhnliches mit mir. Mir wurde klar, dass Ron einfach nur ein weiteres Wesen war, das wahres Verständnis brauchte; gleichzeitig entdeckte ich aber auch, dass Ron mir tatsächlich ein Lehrer war.

Ron ist mittlerweile in eine andere Vollzugsanstalt verlegt worden und wird in naher Zukunft aus dem Gefängnis entlassen werden. Wir sind immer noch beste Freunde und arbeiten zusammen an seiner Entlassungsplanung und seinen Lebenszielen, zu denen es auch gehört, seinem Sohn ein Vater zu sein. In seinen Briefen an mich nennt er mich Lehrer-Vater-Freund.

Das ist mehr wert als alles ätherische Öl der Welt.

Ärger

Nach zehn Jahren buddhistischer Praxis im Gefängnis unter Bedingungen, die man im günstigsten Fall als schwierig beschreiben könnte, ertappte ich mich oft dabei, wie ich, manchmal ein wenig selbstgefällig, meine eigenen Fortschritte bestaunte. Immerhin hatte ich ein wütendes, zügelloses, egozentrisches Ich in ein ruhiges, verständnisvolles menschliches Wesen verwandelt – größtenteils zumindest. Wenn bestimmte Probleme aufkamen, neigte ich mittlerweile dazu, sie aus einer etwas ausgeglicheneren Perspektive anzugehen. Ich war sogar immens stolz darauf, diese Gefängniserfahrung ausgehalten zu haben, indem ich meine eigenen Ansichten und Einstellungen geändert hatte. Ich kann die Gelegenheiten, bei denen ich selbstgefällig vor meinem Altar saß und mich im Glanz meiner eigenen spirituellen Erfolge sonnte, gar nicht mehr zählen. Und dann ...

Einige Jahre lang arbeitete ich in einer Mindestlohnbeschäftigung bei einem privaten Unternehmen außerhalb des Gefängnisgeländes, das eine besondere Vereinbarung mit der Gefängnisbehörde besaß. Die Firma bekommt engagierte Arbeitskräfte zu Löhnen auf tiefstem Niveau, und die Gefängnisbehörde führt aus unseren Gehältern Beträge ab, um die Kosten unserer Inhaftierung zu begleichen. Darüber hinaus sorgt diese Sorte Arbeit dafür, dass die Gefangenen nicht aus der Reihe tanzen und wird daher als Führungsinstrument eingesetzt.

Für mich bot der Job sowohl den offensichtlichen Vorteil eines guten Gehalts als auch denjenigen, meine Fertigkeiten zum Einsatz zu bringen und die Langeweile zu vertreiben. Mein Lohn ermöglichte es mir, meine gesetzlichen finanziellen Verpflichtungen abzuzahlen, meiner Mutter unter die Arme zu greifen und sogar noch genug davon zu sparen, um ihr dabei zu helfen, eine Urlaubsreise zu finanzieren. Zudem bin dadurch immer in der Lage gewesen, Bedürftigen zu helfen, und lege noch stets etwas Geld für meine irgendwann anstehende Freilassung zurück.

In jedem Jahr hatte ich verschiedene Aspekte der Arbeit kennengelernt und mich schließlich zu einer Stelle in der Versandabteilung hochgearbeitet. Auf meinem Posten als Versandkoordinator muss ich die Egos und Persönlichkeiten der Kollegen und Vorgesetzten im Gleichgewicht halten, während ich gleichzeitig dafür sorgen muss, dass Waren im Wert mehrerer Millionen Dollar richtig und pünktlich an anspruchsvolle Kunden versandt werden. Das kann ein stressiger Job sein, aber es ist einer, der die Chance bietet, meine spirituelle Praxis in alltäglicheren Situationen zur Anwendung zu bringen. Dies war eine weitere Sache, die mich mit Stolz erfüllte.

Das Team, mit dem ich arbeite, ist phänomenal, eine Kombination aus Persönlichkeiten, die gut ineinandergreifen. Unser Vorgesetzter gewährt uns genug Raum, uns zu entwickeln und zu wachsen, und im Gegenzug hat die Abteilung selten mit Problemen zu kämpfen. Man steht allerdings unter ständigem Druck. Jeden Tag müssen die Bestellungen rausgehen und an jedem Tag gibt es irgendeine kleine oder große Krise, die angegangen und bewältigt werden muss.

Es war an einem besonders stressigen Tag, als einer meiner Kollegen und guten Freunde, Robert, nur einen sehr engen Zeitrahmen zur Verfügung hatte, um eine besondere Bestellung für einen eiligen Versand bereit zu machen. Mir schien, dass Robert keinen Sinn für die Dringlichkeit hatte, die allen anderen bewusst war, und langsamer arbeitete als gewöhnlich – und als der Lkw kam, um die Ware aufzuladen, war Robert nach einem langen, kräftezehrenden Tag immer noch dabei, die Sendung startklar zu machen.

In dem Versuch, den Vorgang zu beschleunigen, fragte ich Robert knapp, warum die Dinge so langsam vorangingen, und wies ihn an, schneller zu machen. Das war für ihn wohl der Tropfen, der das Fass zum Überlaufen brachte, und er wurde wütend auf mich. Wir standen beide unter enormem Druck, und es war keine

Zeit dafür da, sich mit aufgestauten Gefühlen auseinanderzusetzen. Ich fragte Robert, ob er wollte, dass ich unserem Vorgesetzten mitteilte, dass die Lieferung noch nicht abholbereit war, und ohne Umschweife ließ er mich wissen, dass ich es doch selbst erledigen könnte, wenn es mir nicht schnell genug ginge. Obwohl das nicht das erste Mal war, das Robert so mit mir redete, brachte es mich dieses Mal aus irgendeinem Grund zur Weißglut.

Ein Vulkan brach aus. Ich war total in Rage. Mir kam quasi jegliche Vernunft abhanden. Dennoch hatte ich mich einstweilen noch ausreichend unter Kontrolle, um dabei mitzuhelfen, die Lieferung auf den Weg zu bekommen. Doch sobald ich damit fertig war, stürmte ich auf Roberts Posten zurück und teilte ihm mit, dass ich seine Einstellung kindisch fände. Er lachte mir ins Gesicht. Blitzartig vergaß ich alles, was ich durch buddhistische Praxis bemüht gewesen war zu lernen – und wollte mich *prügeln!* Ich unternahm alles, was ich konnte, um Robert zu einem Kampf zu provozieren, aber er schluckte einfach nicht die Köder, die ich ihm auswarf. Irgendwie – und ich kann mich nicht einmal mehr genau daran erinnern, wie – bekam ich es hin, die Selbstkontrolle zu erlangen, um etwas Abstand zwischen uns beide zu bringen. Das geschah im frühen Herbst, und ich war noch mehrere Wochen danach sauer auf ihn.

Manchmal befielen mich während dieser Zeit auf der Arbeit leichte Schübe von Einsamkeit – und schließlich gestand ich mir selbst die Tatsache ein, dass ich die ungezwungene Leichtigkeit der Freundschaft vermisste, die Robert und mich verbunden hatte. Als ich im Hof, wo ich am besten denken kann, umherging, traf mich die Erkenntnis: Ich hielt mich am Ego fest, tat also genau das, was sämtliche buddhistischen Bücher als die Quelle unseren Leidens bezeichnen, und verstrickte mich so in meiner eigenen ichbezogenen Geschichte. *Ich* war verletzt worden. *Mir* war Unrecht widerfahren. *Ich* war von einem Freund verraten worden. (Und außerdem hatte ich es irgendwie versäumt, zu bemerken, dass ich derjenige war, der es verpasst hatte, eine wunderbare Gelegenheit dazu zu nutzen, Ärger in Mitgefühl und Weisheit umzuwandeln.) Ich hatte den einfachen Weg gewählt und war ins Ego-Selbst geflüchtet, und im Gegenzug hatte ich nichts bekommen außer größerem Schmerz und Leiden. Das Gefängnis ist voll von der Sorte Wut, der ich nachgab. Wenn ich sie bei anderen sehe, gefällt sie mir nicht. Und genau in jenem Moment mochte ich mich selbst nicht besonders. Selbst als diese Erkenntnis in mir heranreifte, sprang das Ego dazwischen und hielt mich davon ab, mich bei Robert zu entschuldigen. *Ich* hatte Angst vor Zurückweisung. *Mir* widerstrebte die Vorstellung, vor ihm kriechen zu müssen. Wiederum schlug die Erkenntnis ein, dass das Ego wieder seine alten Spielchen spielte. Ich musste mir selbst die Frage stellen: War ich schlauer als eine Illusion? Oder hatte tatsächlich das Ego das Kommando? Ich beschloss, diesbezüglich so schnell wie möglich etwas zu unternehmen.

Ohne weiter zu zögern ging ich zu Robert hin, entschuldigte mich für mein Verhalten und bat ihn um Vergebung. Es war kurz vor Thanksgiving, und ich wollte nicht, dass wir den Jahreswechsel mit Wut aufeinander begingen. Robert nahm meine Entschuldigung an und entschuldigte sich gleichzeitig bei mir, und einen Moment lang fühlten wir uns wie zwei dumme Schuljungen nach einem Streit aus einem längst vergessenen Grund. Ich war ungeheuer dankbar. Doch selbst wenn Robert sich nicht so versöhnlich gezeigt hätte, glaube ich, dass ich mich trotzdem besser gefühlt hätte, weil ich den Versuch unternommen und verstanden hatte, wie zerbrechlich wir alle sind. Die Vergebung beseitigte unsere Zerrissenheit und schenkte uns mehr inneren Frieden. Sie ebnete uns einen Weg, auf dem wir uns sanft in Richtung Verständnis vortasten konnten.

Anfang Dezember hielt unsere Sangha ein Retreat ab, das von Rowan Conrad geleitet wurde. Ich lud Robert dazu ein, teilzunehmen. Als er die Meditationshalle betrat, war ich überglücklich. Noch mehr erfreute es mich allerdings, dass er das gesamte Wochenende über blieb. Es war ein wundervolles Retreat. Alle Teilnehmer kehrten von dieser Erfahrung mit ihrer eigenen besonderen Einsicht zurück. Ich erfuhr mehr darüber, wie viel ich nicht weiß und wie weit ich noch reisen muss. Für mich geht es in Ordnung, dass ich nicht der große Praktizierende bin, der ich zu sein glaubte. Ich bin einfach nur froh darüber, zu wissen, dass ich mich noch auf dem Weg befinde.

Sich einlassen

Gelegenheiten zum Helfen warten jederzeit nur darauf, dass man sie ergreift. Im Gefängnis können allerdings Monate vergehen, ohne dass irgendwer jemand anderem hilft. Insgesamt verhält es sich in der Welt – und dabei vielleicht insbesondere im Gefängnis – so, dass Leute sich in der Regel eher für einen Freund und nur selten für einen Fremden einsetzen. Die Leute hier drinnen misstrauen guten Taten, da sich scheinbar fürsorgliche Gesten oft als ein Mittel herausstellen, jemanden dazu zu bringen, in deiner Schuld zu stehen. Ebenso gut können sie aber auch ein Mittel sein, jemanden zu manipulieren, der noch nicht in der Gefängnismentalität vom „Überleben des Stärksten" geschult ist.

Jemandem zu helfen, kann sich in vielerlei Hinsicht als kostspieliges Unterfangen herausstellen. Die meisten Gefangenen drücken sich daher einfach davor, einzuspringen, um irgendeine bedürftige Person zu unterstützen. Es ist schon schwer genug, eine Haftstrafe durchzustehen, ohne zusätzliches Gewicht mit sich herumzuschleppen.

Das war es, was mir durch den Kopf ging, als Donald – ein Mann, den ich nur flüchtig kannte – sich beim Mittagessen neben mich setzte und damit anfing, über seine Tochter zu sprechen. Wenn man ihn sich ansah, hätte man nie erraten, dass Donald eine schwere Last mit sich herumtrug. Er war frustriert und wusste nicht mehr weiter, da ihm nicht klar war, warum die Mutter seiner Tochter ihm keinen Kontakt zu seinem Kind gewährte. Er fand, dass nichts an seinem Verbrechen es rechtfertigte, ihn so zu behandeln. Donalds Mutter hatte mehrere Male versucht, Kontakt zu dem Kind und dessen Mutter aufzunehmen, doch dabei kam nie etwas heraus. Donald tat sein Bestes, um sich verantwortungsbewusst zu verhalten. Jeden Monat spendete er die

Hälfte der 50 Dollar, die er mit seinem Gefängnisjob verdiente, an Kinderhilfsorganisationen.

Als er darüber sprach, weiterhin am Leben seiner Tochter teilhaben und mit ihr in Kontakt bleiben zu wollen, erkannte ich ein Maß an Aufrichtigkeit, das mich dazu bewegte, helfen zu wollen. Gleichzeitig hatte ich allerdings wenig Lust, mich auf ein weiteres Vorhaben einzulassen, das sich zu einer langwierigen Unternehmung auswachsen könnte. In dem Bestreben, höflich zu sein und interessiert zu klingen, fragte ich ihn, ob er sich mit einem Rechtsanwalt in Verbindung gesetzt hätte oder die Sache sonst irgendwie auf dem Rechtsweg verfolgte. Donald teilte mir mit, dass er das zwar getan hätte, er sich jedoch nicht die 500 bis 2.000 Dollar leisten könnte, die er benötigte, damit sich ein Anwalt mit dem Fall befassen würde.

Ich fragte ihn, ob er schon mal irgendwelche Anwälte angeschrieben und sie gefragt hätte, ob sie ihm kostenfreie Rechtshilfe gewähren würden. Er hatte zwar darüber nachgedacht, wusste aber nicht, wie er einen Rechtsanwalt dazu bewegen könnte, ihm umsonst Beistand zu leisten. Ich riet ihm, sich die Namen von mindestens 20 Anwälten herauszusuchen. Anschließend sollte er jedem von ihnen einen Brief schicken, in dem er die Situation erklärte und sie darum bat, ihm ohne Vergütung zu helfen. Meiner Erfahrung nach würde für gewöhnlich zumindest einer der zwanzig antworten und irgendeine Form von Hilfe anbieten. In dem Glauben, dass ich ihm einen guten Rat gegeben hätte, und der Hoffnung, dass hiermit mein Beitrag zu der Sache erledigt wäre, wünschte ich ihm Glück.

Noch in derselben Woche suchte Donald mich auf und zeigte mir einen Entwurf des Briefes, den er verfasst hatte. Der Brief benötigte eindeutig etwas Überarbeitung. Ich dachte an all das, was ich zu tun hatte und wohin das hier wohl führen würde. Ich wollte mich wirklich nicht auf die Sache einlassen. Doch als ich Donald anblickte und den hoffnungsvollen Blick in seinen Augen sah, wurde mir klar, dass er nicht anders war als ich, wenn ich Hilfe brauchte. Und jedes Mal, wenn ich meine Freunde aus der buddhistischen Gemeinde um Hilfe gebeten hatte, waren sie immer da gewesen, ganz egal, wie viel sie zu tun hatten. Ich musste das Gleiche tun. Ich fühlte mich dazu nicht nur verpflichtet, sondern *wollte* jetzt auch wirklich helfen.

Ich versprach Donald, einen eindringlichen Brief zu schreiben, wenn er die Namen und Adressen von mindestens 20 Anwälten ermitteln würde. Bereits am nächsten Tag hatte Donald die Adressen für mich – nicht bloß 20, sondern 23. Ich hatte keine andere Wahl, als es durchzuziehen. Mit Bedacht formulierte ich einen Brief, der Donalds Lage schilderte und so klang, als stammte er von ihm. Ich benutzte meine Schreibmaschine, um 25 Kopien auszudrucken, und überreichte ihm den Stapel Briefe. Ich half ihm bei der Beschriftung der Umschläge und er schickte jeweils fünf Briefe pro Postausgang raus.

Zu unserer Überraschung erhielten wir nicht die eine erhoffte Antwort. Stattdessen schrieben uns *drei* Anwälte und boten uns ihre Dienste an. Andere Anwälte schrieben uns ermutigende Briefe. Donald war außer sich vor Freude und hörte nicht auf, sich bei mir zu bedanken. Er war unglaublich dankbar. Ich schämte mich, da ich mich daran erinnerte, wie widerwillig ich ursprünglich schon allein bei dem Gedanken daran gewesen war, ihm überhaupt zu helfen.

Donald entschied sich für den Anwalt, der die positivste Einstellung zu haben schien, und begann, Schriftverkehr mit ihm zu halten. Um sicherzustellen, dass wirklich alle Kosten gedeckt würden, ließ ich Donald wissen, dass noch Gelder aus einer Spende, die ein buddhistischer Lehrer mir im Vorjahr für besondere Situationen gesandt hatte, zur Verfügung standen. Den Rest überließ ich Donald. Ab und an, wenn er mich traf, teilte er mir mit, dass die Sache langsam aber sicher voranging. Ich empfand Befriedigung dabei, dass ich in der Lage gewesen war, zu helfen.

Einige Monate später erzählte Donald mir, dass er Kontakt zu seiner Tochter hatte. Er dankte mir noch einmal und fragte mich, ob es nötig wäre, dem Anwalt für seine Bemühungen etwas Geld zu senden. Ich schlug vor, ihm einen Blumenstrauß zu senden und einen Dankesbrief beizulegen. Wir arrangierten das Erforderliche, um ihm die Blumen und die Karte zukommen zu lassen. Der Anwalt war hochgradig erfreut über das Präsent und schrieb Donald einen wundervollen Brief. Für mich war die Sache damit erledigt. Nur wenig später bat mich mein Freund Shawn darum, mit ihm in die Kirche zu gehen. Zum Ende des Gottesdienstes hin fragte der Pastor, ob irgendjemand Zeugnis ablegen wollte. Nachdem ein paar Männer gesprochen hatten, erhob sich Donald mitten aus der Menge, drehte sich um und sah mich in einer der hinteren Reihen sitzen. Mir zugewandt erzählte er die Geschichte, wie er wieder Kontakt zu seiner Tochter hergestellt und wie ein Freund ihm dabei geholfen hatte. Ich kann mich an keinen anderen Augenblick erinnern, in dem ich dermaßen glücklich darüber war, jemandem geholfen zu haben.

Geschenke kommen in vielerlei Gestalt. Wir alle haben die Fähigkeit dazu, unser Bestes zu geben. Manchmal ist das nicht einfach, doch es ist es immer wert. Ganz egal, was dabei herauskommt, jeder kann das Leben eines anderen verändern oder in geringem Maße helfen. Was für eine wunderbare Praxis!

Derrick

Lange bevor die Lautsprecher ihr unablässiges Lärmen beginnen, bevor das Geschnatter Hunderter von Stimmen sich mit den Klängen der Toilettenspülungen, schlagender Türen und Fernseher mischt, ist das erste Geräusch, das mein Geist in den frühen Morgenstunden erfasst, das langgezogene Wuuuu-huuuu einer Zugsirene.

Irgendwo dort draußen in der Dunkelheit, irgendwo nördlich und leicht westlich von meinem Fenster gelegen, verläuft ein Bahngleis von Osten nach Westen. An einigen Morgen möchte ich einfach nur so daliegen und diesem Zug lauschen. Irgendwer reist in die Ferne. Ein Teil von mir versucht, mich zu überzeugen, mit meiner Meditationspraxis zu beginnen, ein anderer Teil von mir will weiter mit dem Zug fahren. Wenn das Geräusch des Zuges allmählich Gestalt annimmt, wächst auch der Wunsch, noch ein wenig darin zu schwelgen. Der Gedanke daran, einen weiteren Tag im Gefängnis vor mir zu haben, drückt mir heftig aufs Gemüt. Dieser Gedankengang springt um, wenn mein Geist den Klang des in der dunklen Kälte lauter werdenden Triebwerks erfasst. Aus irgendeinem Grund klingt es bei Regen lauter. Doch heute hat es bereits eine Weile lang nicht mehr geregnet, was der Szene ein wenig von ihrer melancholischen Note nimmt. Als die Zuggeräusche weiter nach Westen entschwinden und schließlich ersterben, schaue ich am Dreck auf meinem Fenster vorbei, sehe nichts und frage mich, wie sich dieser neue Tag wohl entwickeln wird. Das Kommen und Gehen des Zuges erinnert mich immer an Derrick.

Mein Geist wird rasch rege und spielt wie üblich kleine Gedankenspielchen. Ich stehe auf, falte meine Decken zusammen und verwende sie als Unterlage, um vor meinem Altar zu sitzen. Einatmend weiß ich, dass ich einatme, ausatmend liegt ein weiterer

Tag vor mir. Ich kann den Zug gar nicht mehr hören, nur mein Atmen und sonst nichts.

Der Tag läuft vorhersehbar ab, so wie es die meisten Tage tun. Essen zu festen Zeiten und alle 30 Minuten festgelegte Bewegungsperioden, die es den Gefangenen ermöglichen, sich zur Arbeit, zur Schule, zu Arztterminen oder zum Hofgang zu begeben. Heute ist „Kettentag". Gefangene, die von einem Gefängnis in ein anderes verlegt werden, werden in den Bus verladen und in der Regel werden ihnen dazu Handschellen angelegt, die mit langen Stahlketten miteinander verbunden sind. An jedem „Kettentag" kann ich einfach nicht anders, als mich an meine lange, unbequeme Fahrt zum Gefängnis zu erinnern, die mittlerweile mehr als zehn Jahre zurückliegt.

Der schiefergraue Himmel – durch die verdreckten schmalen Fenster des umgebauten Transportbusses kaum sichtbar – erinnerte mich an eine Betonwand. Stundenlang saßen wir aneinandergekettet auf Holzbänken mit Stahlrahmen und reisten langsam vom Puget-Sound nach Osten auf die große Hochebene. Das einzige Geräusch war das stetige Dröhnen des großen Dieselmotors, das sich harmonisch mit dem Schnarchen der Passagiere mischte. Ich war mit ungefähr 20 weiteren mürrischen Männern auf dem Weg zur staatlichen Vollzugsanstalt Walla Walla. So wie ich das sah, fuhr ich gerade zur Hölle.

Mir fiel auf, dass einige der Männer um mich herum stumm beteten, während wir abgenutzte Nebenstraßen entlangholperten. Da ich zu jener Zeit völlig frei von jeglichen religiösen oder spirituellen Einflüssen war und große Verachtung für jene Leute empfand, die in schwierigen Situationen bei derartigem Zeug Trost fanden, verbrachte ich die annähernd 400 Meilen damit, unablässig und erfolglos nach einer bequemeren Position auf der harten Bank zu suchen. Falls das hier mir einen Vorgeschmack auf den Rest meiner 17- bis 20-jährigen Freiheitsstrafe gab, stand mir ja noch einiges bevor, auf das ich mich freuen konnte.

Der mit mir zusammengekettete Typ war ein älterer Mann, der so aussah, als hätte er diese Erfahrung schon einmal durchgemacht.

Er schlief mit weit geöffnetem Mund, aus dem ihm der Speichel auf die Schulter tropfte. Sein Gesicht trug einen Ausdruck behaglicher Zufriedenheit, doch jedes Mal, wenn er sich bewegte, riss die uns verbindende Kette an meinen eisernen Fußfesseln und bereitete mir Schmerzen. Noch bevor wir es über die Cascade Mountains geschafft hatten, hasste ich ihn bereits.

Schließlich hielt unser Viehwagen mit einem Ruck an. Die Leute wachten auf, begannen sich zu regen und alle sahen ziemlich angefressen aus. Wir wurden in Zweiergruppen ausgeladen wie krankes Vieh. Ich blinzelte in den grauen Tag hinein, während mein Partner und ich aus dem Fahrzeug heraus auf den staubigen Boden zutaumelten. Justizvollzugsbeamte mit einsatzbereiten kurzläufigen Schrotflinten standen breitbeinig überall um uns herum. Ich blickte sie verächtlich an und erinnere mich daran, gedacht zu haben: „Wohin zur Hölle sollen wir deren Ansicht nach denn schon abhauen, dermaßen verschnürt, wie wir sind?" Bevor ich noch irgendwas sagen konnte, wurden wir in einen großen Aufnahmeraum gepfercht, und uns wurden unsere Ketten, unsere Kleider und unsere Würde abgenommen. Dann bekamen wir eine Abteilung und ein Bett zugewiesen.

Obwohl das schon lange zurückliegt, ist meine Erinnerung daran immer noch lebendig, und jedes Mal am „Kettentag" lebt sie richtig auf. Ich verließ gerade zufällig das Zentrum für religiöse Aktivitäten, als dort eine Gruppe frisch von der Kette gelassener Gefangener vorbeiging. Jeder von ihnen schleppte einen Seesack mit Kleidung und eine große Papiertüte, die persönliches Hab und Gut enthielt. Ein paar trugen noch eine zusätzliche Schachtel. Sie alle sahen schmuddelig und erschöpft aus. Die Nachhut bildete der kleinste Gefangene, den ich je gesehen hatte. Mutig trug er den Seesack auf seinen schmalen Schultern und balancierte gleichzeitig ein paar Papiertüten auf den Armen. Im Vergleich zu den anderen, die vorbeimarschierten, fiel er auf wie ein Chihuahua beim Kaffeeklatsch der Elefanten.

Das Erste, an das ich dachte, als ich diesen Neuankömmling sah, war der Grinch: Ein spitzes Kinn und breites Gebiss, das von einem Lächeln umfasst wurde, in dem unverkennbar spitzbübische Augen aufblitzten. Während ich mir das Lachen verkniff, hörte ich, wie er einem seiner Reisegefährten mitteilte, dass ihm der Typ, der vor ihm her lief, nicht in den Kram passte. Angesichts seiner Größe überraschte mich seine tiefe Stimme. Der Gefangene, mit dem er sprach, wog mindestens 50 Kilo mehr als er. Dieser kleine Kerl hatte also entweder eine Menge Mumm oder war wirklich dämlich. Wahrscheinlich beides. Ich erinnere mich daran, dass ich noch dachte, dieser arme Kerl würde es hier wirklich schwer haben, während ich mich zurück zu meiner Wohneinheit begab.

Jede Woche tauchen neue Leute bei der buddhistischen Praxis auf. Manchmal kommen sie in Gruppen oder zu zweit. Gelegentlich kommt mal jemand vorbei, um uns mit dem Vorwurf zu konfrontieren, wir würden Götzenanbetung praktizieren. Unsere Sponsorin, Lama Inge Sandvoss, geht in der Regel entspannt mit derartigen Vorkommnissen um, indem sie Vorträge zu Gleichmut und liebender Güte hält. Ich empfinde ein heimliches Vergnügen dabei, zu beobachten, wie sich ihr Gegenspieler dabei windet. Als wir gerade mit der Praxis beginnen wollten, spazierte der Grinch herein. Er sah sich um, schnappte sich ein paar Decken, und ließ sich direkt neben mir nieder. Nachdem er sich gesetzt hatte, warf er mir einen Blick zu und sagte: „Hi, ich bin Derrick." Und wiederum überraschte mich die tiefe Stimme, die aus einer dermaßen kleinen Person kam. Nun, da ich seinen Namen kannte, konnte ich ihn nicht weiterhin als den Grinch bezeichnen. Es ist schon komisch, wie sehr wir an unserem eigenen Namen und den Etiketten für Dinge haften. Selbst heute noch erscheint mir „Derrick" nicht annähernd so anschaulich wie es „der Grinch" nun mal war.

In der dritten Woche, in der Derrick bei unserer buddhistischen Sitzung auftauchte, schlossen wir die tibetische Praxis damit ab, das Gebet an Guru Rinpoche zu singen. Als wir „Om Ah Hung Vajra Guru Padma Siddhi Hung" zu singen begannen, hörte ich von Derrick ein Geräusch und sah zu ihm herüber. Tränen liefen ihm übers Gesicht. Das Gebet berührte ihn offenbar zutiefst. Seine Reaktion rührte auch mich zu Tränen. Ich wollte mehr über den kleinen Kerl wissen, der zu unserer Praxis kam. Warum war er so tief bewegt von diesem Gebet? Was machte ihn so offen, dass er bei einer solchen Zeremonie weinen konnte?

Derrick war bereit dazu, mir ein wenig über sein Leben zu erzählen, das nicht sonderlich anders verlaufen war als diejenigen zahlreicher anderer, die aus zerrütteten Familien kommen, sich durchs Leben kämpfen und schließlich im Gefängnis landen. Seine missliche Lage – er war von beiden Eltern im Stich gelassen worden, noch bevor er zehn Jahre alt wurde, hatte versucht, die Schule zu besuchen, während er auf der Straße lebte und sich gleichzeitig um seine jüngeren Zwillingsbrüder kümmerte, die genau das Gleiche durchmachten – hatte dazu beigetragen, einen Überlebenskünstler aus ihm zu machen – aber einen Überlebenskünstler mit *Herz*. Für Leute, die auf der Straße aufwachsen, ist der Knast beinahe unausweichlich. Sich auf der Straße durchzuschlagen, bedeutet in der Regel Drogenkonsum, und dieser führt letzten Endes zu Straffälligkeit und Inhaftierung. Derrick war da keine Ausnahme.

Obwohl Derrick mir genug vertraute, um mit mir offen über sein Leben zu sprechen, war er wie jener Zug, den ich jeden Morgen hörte – er kam auf mich zu und entfernte sich danach schnell wieder. Er hielt Menschen auf Distanz, vor allem, wenn sie allzu freundschaftlich wurden. Aber dennoch verfügte er über ein Maß an Güte, das mich dazu brachte, ihn als geborenen Buddhisten anzusehen. Ich wusste, dass ihm keinerlei Hilfsmittel oder Unterstützung zuteilwerden würden, wenn er aus dem Gefängnis freigelassen wurde. Außerdem war mir klar, dass seine Aussichten, erneut im Gefängnis zu landen, überdurchschnittlich hoch waren.

Ich beschloss, zu tun, was ich konnte, um ihm zu helfen. Ich nahm Kontakt zum Zen-Zentrum in Vermont auf und bat sie darum, Derrick etwas Kleidung zu kaufen, damit er bei seiner Freilassung mehr in der Hand halten würde als bloß seine Gefängnisklamotten und die pauschalen 40 Dollar „Eintrittsgeld", die einem ausgehändigt werden. Ein weiterer buddhistischer Lehrer spendete Gelder und schon bald darauf erhielt Derrick ein Päckchen –

das erste, das er jemals bekommen hatte – mit ansehnlicher Kleidung. Das Way-Home Project bot ihm Hilfe bei der Wohnungssuche und der Sicherung der übrigen Lebensgrundbedürfnisse an. Derrick lehnte das Angebot jedoch ab und erklärte mir, dass es ihm zu schwer fallen würde, den Erwartungen anderer gerecht zu werden. Nur wenig später geriet Derrick in eine Auseinandersetzung mit einem anderen Insassen, der ihm schon mehrere Wochen lang nachstellte, und wurde ins Loch gesteckt. An dieser Erfahrung zerbrach er beinahe. Als er herauskam, schien er Rückschritte gemacht zu haben, und er hatte sich sogar das Wort SATAN in den Arm geritzt. Es fiel ihm schwer, mir gegenüberzutreten, und das Beste, was ich für ihn tun konnte, war, ihm zu versichern, dass ich ihm immer noch zur Seite stand und mich um ihn sorgte. Mit Tränen in den Augen dankte er mir. Trotz alledem wurde Derrick fast unmittelbar nach jener Auseinandersetzung aus dem Gefängnis entlassen, und mehrere Jahre lang hörte niemand mehr etwas von ihm.

Vor kurzem habe ich erfahren, dass Derrick wieder im Gefängnis sitzt. Das betrübte mich zwar, aber es überraschte mich nicht. Alles, was er wirklich gebraucht hätte, um dort draußen zu bestehen, wäre ein wenig Unterstützung gewesen und Leute, denen aufrichtig etwas an ihm lag. Ist es nicht das, was wir alle brauchen? Er steht schon wieder kurz vor dem Ende seiner Strafe und ich kann einfach nicht anders, als mich zu fragen, ob es bei ihm wohl darauf hinauslaufen wird, dass er lebenslänglich auf Raten absitzt – immer mal wieder ein Weilchen. Das mag zwar eine düstere Prognose sein, doch leider ist sie auch realistisch.

Ein weiterer dunkler Morgen bricht an, und ich spüre, wie die Kälte, die der Herbst mit sich bringt, durch die Wand neben meiner Schulter kriecht. Ich nehme mir vor, mich nicht zu bewegen, bis ich den Zug höre. Er kommt und geht, kaum hörbar in der Ferne. „War er jemals da?", frage ich mich. Der Zug erinnert mich an Derrick, und nicht zum letzten Mal. Ich stehe auf, falte meine Decken zusammen und sitze vor meinem Altar.

Suppe

Routine ist die Rettung für diejenigen Gefangenen, die einen gewissen Trost darin finden, schon vor dem morgendlichen Aufwachen zu wissen, wie ihr Tag verlaufen wird. Jeden Tag spielen dieselben Leute dieselben Spiele, sitzen an denselben Tischen, reden über dieselben Themen, Minute für Minute, Stunde für Stunde, Tag für Tag. Nur eine Handvoll Leute gibt sich diesem einfachen, den Geist abstumpfenden Dasein nicht hin. Die meisten dieser tapferen Seelen bemühen sich um Weiterbildungen oder um die Vertiefung ihrer religiösen Praxis. Einige entdecken ungeahnte künstlerische Talente an sich und setzen sie um. Andere erlernen neue Arbeitsqualifikationen und schmieden Pläne für ihre irgendwann anstehende Entlassung. Doch die bei weitem größte Mehrheit sitzt bloß herum und lässt die Tage vorüberziehen.

Dieses Umfeld voller Untätigkeit ist ein fruchtbarer Boden für das Wachstum von Angst, Verzweiflung und Wut. Düngt man diesen mit einer ordentlichen Portion Unwissenheit, bilden sich unweigerlich Hassgruppen. Manchmal handelt es sich dabei um lockere Zusammenschlüsse flüchtiger Freunde, die auf jene herabsehen, die psychisch krank oder körperlich unattraktiv sind, oder die Verbrechen begangen haben, die schändlicher sind als ihre eigenen. Das sind die ganz gewöhnlichen handelsüblichen Hetzer und Scharfmacher. Dann sind da noch die religiösen Fanatiker, die glauben, ihre Religion allein sei die einzige annehmbare Religion der Welt. Diese Leute betreiben einen riesigen Aufwand, um alle, die sie kennen, davon abzuhalten, sich mit einer Konfession jenseits ihrer eigenen, dem „einzig wahren Glauben", einzulassen. Die größte Explosionsgefahr in diesem Haufen gelangweilter Frustrierter geht allerdings von den Rassisten jeglicher Hautfarbe und Herkunft aus. Die Auffälligsten und Lautstärksten unter ihnen sind die Typen vom Schlage der Skinheads, des *Ku-Klux-Klans*, der Arischen Bruderschaft – also sämtliche Verfechter „weißer Vorherrschaft". Mit ihren rasierten Köpfen, ihren Tätowierungen und ihrem prahlerischen Auftreten setzen sie sich im Gefängnis in Szene, unterbinden jegliche Harmonie und machen so das Gefängnisleben noch elender, als es das eigentlich sein müsste.

Eines Abends putzte ich gerade meine Zähne, als zwei Skinheads das Bad betraten. Sie beachteten mich nicht und redeten laut über Gewichtheben. Der kleinere, jüngere Typ fragte den älteren, ob er sich wohl ein Päckchen Nudelsuppe von ihm leihen könnte. Kürzungen des Budgets hatten die Ration an Essen, die wir bekamen, mehr als halbiert, und die meisten von uns stockten ihre kargen Mahlzeiten notgedrungen mit selbst eingekauften Nahrungsmitteln auf. Der ältere Mann sagte, dass er selbst kaum genug Suppe hätte, um damit auszukommen, und keine Nahrungsmittel entbehren könnte. Sie unterhielten sich kurz über das Essen, das ihnen fehlte, während sie einander die Hände nach Art der Arischen Bruderschaft schüttelten. Der ältere Skinhead ging, während der jüngere am Urinal stand. Als er sich die Hände am Waschbecken neben mir wusch, sagte ich zu ihm, dass ich ihm ein Päckchen Suppe schenken würde.

Eine Sekunde lang starrte er mich ungläubig und voller Argwohn an, dann fragte er, warum ich ihm Essen anböte. „Weil Du gesagt hast, Du hättest Hunger", sagte ich, „und weil ich Hunger verstehe."

„Aber Du bist schwarz und ich bin ..." Ich unterbrach ihn, indem ich sagte, die Suppe würde trotzdem genauso gut schmecken und ihm den Magen füllen wie sonst auch.

Er sah sich um, um sicherzugehen, dass ja niemand zuhörte, und nahm mein Angebot an. Ich ging zu meiner Zelle und holte zwei Suppen, etwas Käse, ein paar Cracker und Erdnussbutter, und gab zur Abrundung der Mahlzeit noch eine Tüte Brausepulver für ein Getränk hinzu. Gemessen an Gefängnisstandards ein echtes Festmahl. „Guten Appetit!", sagte ich, als ich ihm die Sachen überreichte.

Ein paar Tage später kam er verlegen im Aufenthaltsraum auf mich zu, als sonst niemand dort war, und bedankte sich für das Essen. Dann fragte er mich noch einmal, warum ich zu jemandem wie ihm so nett gewesen wäre. „Warum nicht zu Dir?", sagte ich. „Was ist denn der Unterschied zwischen Dir und einem besten Freund, dem ich noch nicht begegnet bin?"

Eine Stunde später trat er noch mal an mich heran und fragte: „Nein, mal ehrlich, warum hast Du mir das Essen gegeben?" „Weil Du hungrig warst", antwortete ich. „Für mich als Buddhist war das eine leichte Entscheidung."

Er stellte sich als Brad vor und bat mich darum, ihm zu erklären, was Buddhismus wäre. Ich hielt angesichts der komplizierten Frage inne, da ich intuitiv das Gefühl hatte, dass meine Antwort wichtig sein könnte. Lächelnd forderte ich ihn dazu auf, sich vorzustellen, ich hätte noch nie Schokolade gegessen. Ich bat ihn darum, mir den Geschmack zu beschreiben. Brad konzentrierte sich ein Weilchen und versuchte es dann. „Sie schmeckt süß und sämig", sagte er. „Wie aufgeschäumter sahniger Zucker?", entgegnete ich. „Nein!", sagte er, „kräftig und nussig, so ähnlich wie Kaffee, aber anders." Ich belächelte ihn wie einen Idioten. Da dämmerte es ihm, dass er gerade das Unmögliche versuchte. „Und so sieht's auch mit Buddhismus aus", sagte ich. „Du kannst ihn nicht erklären. Du kannst ihn nur praktizieren und selbst davon kosten."

Tag für Tag suchte Brad mich auf, um mir Fragen zu stellen. Ich gab ihm ein paar Bücher zu lesen. Zwei Tage später war er zurück, aufgeregt von dem, was er gelesen hatte. An den Wochenenden gingen wir im Hof spazieren und sprachen dabei über Meditation und Buddhas Lehre. Er fühlte sich von dem angesprochen, was Thich Nhat Hanh schrieb, und ich versorgte ihn so schnell mit den Büchern, wie er sie eben lesen konnte. Er nahm es mit der Achtsamkeit sehr ernst, aber wog das durch seinen Sinn für Humor auf.

Seine rassistischen, rechtsextremen Freunde verspotteten ihn gnadenlos. Sie wollten kein Mitglied ihrer Gruppe verlieren und setzten ihn auf alle möglichen Arten unter Druck. Sie lachten ihn aus, weil er mit einem „Nigger" rumhing. Sie versuchten einfach alles, doch Brads Reaktion überraschte sie alle – und auch mich: Er sagte sich unverhüllt von seinen ehemaligen Kollegen los. Nach und nach kam er zur buddhistischen Praxis und schien sich verwandelt zu haben. Er hörte auf, finster dreinzublicken, und begann zu lächeln. Sein Handeln und seine Sprache wurden freundlich, und er redete offen über seinen Ärger. Er fokussierte sich allmählich darauf, sich mit seiner Familie zu versöhnen und wieder Kontakt zu seiner Freundin und ihrem gemeinsamen Kind aufzunehmen. Die Wandlung, derer ich Zeuge wurde, grenzte an ein Wunder. Ich konnte dem Dharma buchstäblich bei seinem Wirken zusehen.

Häftlinge werden nun einmal oft von einem Gefängnis ins andere überführt, und Brad war einer derjenigen, die in eine Anstalt mit der geringsten Sicherheitsstufe verlegt wurden. Eine Woche, nachdem Brad uns verlassen hatte, bekam ich einen Brief von einem Absender, den ich nicht kannte. Es handelte sich um Brads Mutter, und sie hatte mir den rührendsten Brief geschrieben, den ich je bekommen habe. Sie dankte mir darin ausgiebig dafür, ihrem Sohn dabei geholfen zu haben, sich von einem hasserfüllten in einen friedlichen und liebevollen Menschen zu verwandeln. Sie war erfüllt von Freude und Dankbarkeit, und wollte mir mitteilen, dass sie und ihre Familie dafür, dass ich „das Unmögliche" erreicht hatte, in meiner Schuld stünden.

Ihre Komplimente beschämten und erfreuten mich gleichermaßen. Ich musste ihr zurückschreiben und ihr mitteilen, dass ich zwar für ihren Brief dankbar war, aber nicht die ganzen Lorbeeren einheimsen konnte. Ich schrieb ihr: „Wissen Sie, auf meinem Weg ist mir Führung und Unterstützung durch viele gebildete Buddhisten zuteilgeworden, die mir ihre Zeit und ihre Energie geschenkt haben. Diese Art des Gebens macht nicht vor einer einzelnen Person Halt. Sie setzt sich immer, immer, immer weiter fort."

Munny

Der neunjährige Munny spähte zwischen den Lianen und dichtgedrängten Palmen des kambodschanischen Dschungels hindurch, um einen ersten Blick auf Thailand zu erhaschen, das direkt am anderen Ufer des trüben Flusses lag. Seine Mutter kauerte neben ihm, sein großer Bruder versuchte, ein kleines Stück entfernt von ihnen, seine beiden müden jüngeren Geschwister zu beruhigen. Nachdem sie sich tagelang verstecken und durch den heißen Dschungel kämpfen mussten, waren sie nun hungrig und quengelten. Während sie alle auf den Einbruch der Nacht warteten, konnte der Junge um sich herum im Verborgenen Leute hören, die flüsternd miteinander sprachen, und ein Baby, das schrie und plötzlich verstummte. Acht Stunden später waren sie in Thailand und von der Grenzpatrouille aufgegriffen worden. Munny und seine Familie wurden mit Dutzenden anderer Leute eine Schotterpiste entlanggetrieben. Er hatte keine Angst, denn seine Mutter hatte ihm gesagt, nun wäre er in Sicherheit.

Sie waren aus Kambodscha entkommen. Raus aus der Hölle, weg von der Angst, die dort an allem zu kleben schien. Weg von den Schlachtfeldern, wo irgendwo sein gefallener Vater lag, wie so viele andere auch. Munny spazierte inmitten der Soldaten in den dunklen Dschungel hinein, und Wahnsinn und Angst nahmen mit jedem seiner Schritte ab. Es lag Hoffnung in der Luft. Zum ersten Mal, seit er sich erinnern konnte, war er glücklich.

Die Reise war keine einfache: wochenlanges Leben unter ärmlichsten Bedingungen in einem Thai-Flüchtlingslager, Papiere, die überprüft werden mussten, Briefe, die es zu versenden galt. Die heiße Sonne und die Krankheiten forderten ihren Tribut, und einige Leute im Camp starben. Auf wundersame Weise überlebten Munny und seine Familie lang genug, sodass ein Onkel sie finden und ihre Freilassung und ihre Überführung in ein Flüchtlingslager auf den Philippinen erwirken konnte. Unerwartet kam eines Tages die große Nachricht – sie würden nach Amerika gehen! Ins Land der unbegrenzten Möglichkeiten, das Land der Freiheit! Munny war mittlerweile zwölf Jahre alt und hätte eigentlich in der Schule sein sollen. Stattdessen saß er allein zu Hause und starrte das flackernde Bild des Fernsehers an. Er war ein stiller Junge, der einfach nicht dazugehörte. Er hasste den Spott und die Demütigungen der Kinder, die sich über ihn lustig machten, weil er kein Amerikaner war. Die Kinder lachten über sein Aussehen, machten Witze über seine Versuche, Englisch zu sprechen, und sagten Gemeines über seine dunkle Hautfarbe. Er war einsam und hatte keine Freunde. Es war wesentlich einfacher, fernzusehen und auf diese Weise Englisch zu lernen und sich über amerikanische Sitten zu informieren. Niemand nahm Notiz von Munnys Misere oder seinem Wunsch nach Akzeptanz – mit Ausnahme einer Gang. Sie nahmen ihn mit offenen Armen auf und gaben ihm das Gefühl, jemanden zu haben, an den er sich wenden konnte. Sie wurden zu seinen Brüdern, Freunden und Beschützern. Endlich hatte Munny das Gefühl, Anschluss gefunden zu haben.

Eines Nachts fuhr die Gang in der Gegend herum und dröhnte sich mit Gras und Bier zu. Der 26-jährige Fahrer war der Älteste unter ihnen; der Jüngste war sechzehn. Während sie so durch die Straßen fuhren und versuchten, genügend Geld für Sprit und mehr Bier aufzutreiben, sahen sie Munny, der gerade aus einem Geschäft kam und auf dem Weg nach Hause war. Froh darüber, seine Freunde zu sehen, stieg Munny in den Wagen ein und bekam gleich ein Bier und einen Joint in die Hände gedrückt. Er trank und rauchte, bis er so high und glücklich war, dass er kaum noch wusste, wo er war. Ein Geschnatter aus Worten umwirbelte ihn, als die fünf jungen Männer über die im Hintergrund dröhnende Musik hinweg redeten und schrien.

Einige Minuten später machte der Wagen vor einem Mini-Markt Halt. Munny und der 16-Jährige wurden angewiesen, im Wagen zu warten, während die anderen sich in den Laden begaben.

Wenige Sekunden später hörte Munny, wie mehrere Schüsse fielen. Seine Freunde kamen herausgerannt, sprangen in den Wagen und rasten davon. Sie hatten den Laden überfallen und den Besitzer niedergeschossen, als er sich zur Wehr setzen wollte. Sie teilten das Geld auf und alle gingen nach Hause. Drei Tage später nahm die Polizei Munny fest und legte ihm Raub, tätlichen Angriff und versuchten Mord zur Last. Er war gerade erst dreizehn geworden.

Selbst für einen gebildeten Erwachsenen kann das Justizsystem verwirrend genug sein, um ihn völlig einzuschüchtern. Für den 13-jährigen Munny war es der pure Horror. Sein Pflichtverteidiger erklärte ihm, dass er eine Freiheitsstrafe von mindestens 20 Jahren zu erwarten hatte. Der niedergeschossene Mann hatte zwar überlebt, doch er war eine Stütze seiner Gemeinde und ein hochdekorierter Kriegsveteran. Keine Jury der Welt würde Nachsicht mit den Beteiligten haben. Munny stand verängstigt und ohne jeglichen Beistand da und bekannte sich schuldig, um zumindest eine milde Strafe herauszuschlagen. Die übrigen jungen Männer wurden zu Strafen zwischen elf und 38 Jahren verurteilt. Munny bekam eine geringere Strafe von fünf Jahren, da er der Jüngste war und den Laden nicht einmal betreten hatte. Davon hatte er zwei Jahre in einer Jugendvollzugsanstalt abzusitzen und den Rest in einem Gefängnis für Erwachsene. Als Munny an Bord des Busses zum Jugendvollzug stieg, wurde er sich mit niederschmetternder Klarheit bewusst, dass sich hier der Kreis für ihn schloss: aus der Angst vor dem Unheil, das ihm in Kambodscha gedroht hatte, hin zum Versprechen von Freiheit und Glück in Amerika, und über Enttäuschung und das Abfinden damit, zurück zu der Angst vor dem Unheil, das ihm im Gefängnis drohte.

Als ich zwei Jahre danach meine Wohneinheit im Airway Heights Correction Center im Bundesstaat Washington betrat, fiel mir sofort auf, dass ein paar neue Leute eingetroffen waren, während wir zu Mittag gegessen hatten. Munny stach zwischen den anderen Gefangenen nicht nur durch den leuchtend orangen Overall hervor, den er trug, sondern auch durch die ihm deutlich anzusehende

Jugendlichkeit. Die meisten der Männer waren mindestens 30 Jahre alt. Munny war erst fünfzehn und sah noch viel jünger aus. Da wir in der neu erbauten Einheit so wenige waren, stellten wir uns den Neuankömmlingen vor. Nach einer Weile erzählte mir Munny zögerlich, er wäre Buddhist. Ich freute mich darüber, ihm mitteilen zu können, dass wir eine kleine buddhistische Gruppe hatten und er gerne daran teilnehmen könnte. Munny entpuppte sich als gewissenhaft Praktizierender. Während andere junge Männer dem Sport oder der Erholung den Vorzug vor der Praxis gaben, erschien Munny regelmäßig und praktizierte eifrig.

Fast umgehend bekam Munny einen Job in der Küche, wo er Essen austeilte, und schrieb sich zur selben Zeit für das GED-Programm ein. Er stand jeden Morgen um halb vier auf und ging zur Arbeit. Nach der Arbeit besuchte er dann die Schule. Es stellte sich schnell heraus, dass das GED Munny überforderte – er konnte Englisch weder lesen noch schreiben. Er war auf den cleveren Trick verfallen, sich zu merken, wie ein Wort aussah, in seinem Geist ein Bild des Wortes anzulegen und dann jedes Mal, wenn er ein Wort sah, das er erkannte, so zu tun, als läse er es. Ich fand das durch Zufall heraus, als wir während einer Praxis-Sitzung einen buddhistischen Text lasen. Diese Entdeckung führte uns zu langen Gesprächen über sein Leben und seine Pläne für die Zukunft zusammen.

Eines Tages offenbarte Munny mir seine größte Angst: dass ihn die Einwanderungsbehörde, der INS*, nach Ablauf seiner Freiheitsstrafe nach Kambodscha zurückschicken würde. Wenn er darüber sprach, abgeschoben zu werden, gab er nie an, um sein Leben zu fürchten, obwohl ihm klar war, dass ihn dort quasi der sichere Tod erwarten würde. Seine Sorgen galten seinem Bruder und seiner Familie und den Gedanken, die *sie* sich um ihn machen würden. Ich schwor, ihm dabei zu helfen, die Abschiebeverfügung der INS abzuwenden. Ich hatte ja keine Ahnung, dass ich mich damit auf eines der beschwerlichsten und nervenaufreibendsten Erlebnisse meines Lebens einließ.

....

*   Kurz für *Immigration Naturalization Service*, was genau genommen „Einbürgerungsbehörde für Immigranten" bedeutet.

Das Erste, was anlag, war, Munny aus der Küche rauszuholen. Außer Arbeitsmoral lernt man nicht sonderlich viel dadurch, Haferflocken in eine Schüssel zu schütten. Ich arbeitete in der Gefängnisbücherei und sprach mit der Bibliothekarin über Munny. Schließlich überredete ich sie dazu, ihn als Bibliotheksgehilfen einzustellen. Sie hatte eine soziale Ader und schloss sich meiner Einschätzung an, dass Munny vielleicht irgendwie ein wenig Bildung aufschnappen würde, wenn er an einem Ort arbeitete, wo Bücher und Lernen die Regel waren. Ich ging außerdem davon aus, dass Munny etwas mehr Schlaf kriegen würde, wenn er nicht so früh aufstehen müsste, und sich so vielleicht in der Schule besser konzentrieren könnte. Die Dinge liefen besser, als ich es mir hätte vorstellen können. Munny wurde zu einem geschätzten Mitarbeiter der Bücherei. Die Bibliothekarin schaffte das SRA-Leseprogramm an und gab Munny eine Stunde am Tag frei, um mit mir zusammen Lesen zu üben. Die Monate verstrichen und er fing damit an, einfache Bücher zu lesen. Später nahm er Material für Fortgeschrittene in Angriff. Wir übten seine Schreibkompetenz und verbrachten Stunde um Stunde damit, das Alphabet zu schreiben und zu verstehen. Alles wurde einfacher, als mein Zellengenosse verlegt wurde und Munny mit mir zusammenzog.

Doch natürlich hatte dieses Leben auch seine Schattenseiten. Manchmal war Munny von seinen Lesefähigkeiten so frustriert, dass ihm die Tränen übers Gesicht liefen, während er rumsaß und in ein Buch starrte. Die Vollzugsbeamten machten ihm wegen seines Alters Probleme, wenn sie ihn beim Rauchen erwischten. Am meisten ärgerte er sich jedoch darüber, dass ein bestimmter Wärter ihn jedes Mal, wenn er die Kantine verließ, anhielt und durchsuchte. Das zog sich über mehrere Wochen hin, bis zu einem Punkt, wo Munny nicht mehr zum Essen gehen wollte. Irgendwas musste unternommen werden.

Ich bastelte Munny einen kleinen Notizblock mit seinem Namen darauf. Darunter klebte ich die Visitenkarte eines Anwalts, die dieser mir vor Jahren gegeben hatte. Ich wies Munny an, ständig den Block und einen Bleistift mit sich herumzutragen.

Als ihn der Beamte das nächste Mal durchsuchte, fand er den Block und den Bleistift. Der Beamte stellte Fragen und Munny erklärte ihm, meine Anweisungen genau befolgend, dass er angewiesen worden wäre, jede Gelegenheit zu dokumentieren, bei der willkürliche Durchsuchungen durchgeführt wurden. Der Beamte erkundigte sich nach der Visitenkarte. Munny teilte ihm mit, dass es sich um die Karte eines Anwalts handelte. Der Beamte rief einen Vorgesetzten herbei, der ihn noch einmal von Neuem befragte, wonach Munny mitgeteilt wurde, dass er nun gehen könnte. Das war das letzte Mal, dass ihn der Beamte schikanierte.

Währenddessen verbrachte ich jede freie Minute in der juristischen Abteilung der Bücherei und beschäftigte mich mit Einwanderungsbestimmungen und Abschiebevorgängen. Ich gelangte dabei zu zwei wichtigen Erkenntnissen. Eine davon besagte, dass es für Munny eine winzige Chance gab, seiner Abschiebung oder einer Langzeithaft zu entgehen. Dies wäre jedoch nur dann möglich, wenn man einen Richter dazu bewegen könnte, sich den Fall erneut anzuhören, und ihn davon überzeugen könnte, dass Munny an der Schießerei als solcher gar nicht beteiligt gewesen war, dass er zum Zeitpunkt des Vorfalls noch minderjährig war und dass sein rechtlicher Beistand ihn schlecht beraten hatte. Die andere Erkenntnis war, dass mir die Sache über den Kopf wuchs. Ich hatte alles getan, was ich konnte. Wir brauchten professionelle Hilfe.

Ich begann, Briefe an all meine buddhistischen Kontakte im ganzen Land zu schreiben, und auch an diejenigen in Europa und Japan, um sie um Rat zu bitten. Alle schrieben zurück und unterbreiteten gute Vorschläge, doch die meisten davon erfüllten nicht wirklich unsere konkreten Erfordernisse. Ich schrieb Dutzenden von Anwälten und Kanzleien und bat sie um Hilfe. Ich erklärte ihnen, dass wir kein Geld hatten, doch jeder Brief enthielt einen detaillierten Bericht über Munnys Erlebnisse und darüber, wie seine Zukunft möglicherweise aussehen könnte. Pro Woche verschickte ich circa 15 Briefe. Meistens erhielten wir keine Antwort. Einige Anwälte schrieben uns und sagten, sie wären zu beschäftigt, doch ein paar von ihnen gaben uns Ratschläge oder

Adressen, die vielleicht nützlich sein könnten. Nach dieser monatelangen Briefkampagne und zahlreichen Enttäuschungen bekam Munny ein Schreiben vom universitären Rechtshilfeprogramm der *Gonzaga University School of Law* in Spokane. Die Anwälte, die die Fachhochschule leiteten sowie einige der Praktikanten boten an, sich Munnys Falles anzunehmen. Endlich bestand Hoffnung.

Wir erlitten einen Rückschlag, als Munny wegen der Verstöße gegen sein Rauchverbot in eine andere Wohneinheit verlegt wurde. Er ging jedoch weiterhin zur Arbeit, lernte, besser zu lesen, besuchte die Schule und behielt seine buddhistische Praxis bei. Es waren beinahe zwei Jahre vergangen, und die Strafvollzugsbehörde beschloss, Munny in ein Programm für jugendliche Straftäter zu stecken, das vor kurzem in einem anderen Gefängnis angelaufen war. Sie hatten zwar in Bezug auf Arbeit oder schulische Bildung nicht viel zu bieten, doch sie wollten die Jugendlichen von den erwachsenen Männern trennen. Obwohl Munny nicht gerade froh darüber war, seinen Job, seine Bildungschancen und die Freunde, die er sich gemacht hatte, zu verlieren, sah er seiner Zukunft mit stoischer Gelassenheit entgegen.

Ein Jahr und sechs Anhörungen später wurde ein Verhandlungstermin angesetzt. Mittlerweile hatten wir für Munny Unterstützungsbriefe aus verschiedenen buddhistischen Quellen gesammelt, so auch von Padma Ling, dem Sponsor der buddhistischen Gruppe des Gefängnisses Airway Heights.

Munnys Familie war bereit, für ihn auszusagen, ebenso wie Dr. Marquez, ein Psychologe, der sehr ausführliche Gespräche mit Munny geführt hatte. Der Rechtsreferendar Scott Gambill und der Anwalt George Critchlow vom universitären Rechtshilfeprogramm waren sorgfältig darauf vorbereitet, den Fall vorzubringen. Zu guter Letzt musste dann noch Munny in den Zeugenstand treten und dem Richter erklären, warum man ihn freilassen sollte. Ich wartete gerade auf die Nachrichten, als ein paar Tage nach der Verhandlung ein Brief eintraf, in dem uns mitgeteilt wurde, dass wir den Prozess gewonnen hatten! Das ist bei INS-Prozessen eher die Seltenheit.

Der Wermutstropfen dabei war jedoch, dass der Anwalt der Einwanderungsbehörde gegen die Entscheidung des Richters Berufung einlegen wollte und das daran anschließende Verfahren ein bis zwei weitere Jahre dauern konnte. Währenddessen würde Munny weiterhin in Haft bleiben müssen. Ich begann unverzüglich damit, allen möglichen Leuten Briefe zu schreiben, in denen ich sie darum bat, den Anwälten und dem Richter Unterstützungsbriefe zu schicken.

Drei Monate später bekam ich einen Brief von Munny. Die ersten Zeilen haben sich mir auf ewig ins Gedächtnis gebrannt:

Calvin, ich bin frei! Letzten Freitag haben sie mich nach Hause gehen lassen! Ich bin in der Videothek und helfe Mom. \
Und das alles dank Dir, Bruder!!! Ohne Deine Hilfe wäre ich heute nicht hier draußen. Wir haben's geschafft, Bruder!!
Falls Du irgendwas brauchst oder ich irgendwas für Dich tun kann, sag einfach Bescheid. Du weißt, dass ich dich niemals vergessen werde, mein Freund. Meine Mutter sagte, dass sie mich zum Tempel mitnehmen will, um das Pech aus mir rauszuholen. Und ich werd hingehen! Cal, bitte ruf mich an, sobald du diesen Brief bekommst.

Als ich jene Zeilen las, war ich so glücklich, dass ich vor Freude in die Luft springen wollte – nicht nur, weil wir es geschafft hatten, Munny nach Hause zu bringen, sondern auch, weil er dazu in der Lage war, mir das zu schreiben. Ich war von meinen Gefühlen überwältigt und wollte das jemandem mitteilen. Doch als ich mich umsah, bemerkte ich, dass so gut wie alle, die ihn und seine Lage gekannt hatten, schon fort waren. Also faltete ich seinen Brief zusammen und trug ihn mehrere Tage lang in meiner Tasche mit mir herum, während ich glücklich über einen der größten Erfolge meines Lebens lächelte.

Zen-Meister
wider Willen

Buddhistische Praxis im Gefängnis bringt einen dazu, sich selbst – und alles andere auch – aus einer völlig neuen Perspektive zu betrachten. Damit meine ich nicht den religiösen Fanatismus, der leidenschaftlichen Eifer anstachelt und wundersame Wandlung für sich in Anspruch nimmt – und der in diesem Umfeld verbreitet genug ist. Ich spreche vielmehr von einer Wandlung und einer Bewusstheit, die Türen zu Verständnis und Mitgefühl öffnet. Das kann manchmal eine bittere Erfahrung sein und dazu führen, dass man die Kerngrundsätze seines eigenen Glaubens einer gründlichen Überprüfung unterzieht. Der Lohn dafür ist unermesslich. Die Freuden, die aus dieser achtsamen Praxis erwachsen, übertreffen die unbequemen Momente der Einsicht bei weitem.

1998 hatte die buddhistische Gruppe im Airway Heights Correction Center rund 60 Mitglieder. Neben der wöchentlich angesetzten Praxis gab es alle drei bis vier Monate ganztägige Retreats. Alljährlich organisierten wir eine Veranstaltung als gemeinsame Feier sämtlicher buddhistischer Traditionen und Feiertage. Vor ein paar Jahren beschlossen wir, ein Programm zu entwickeln, um buddhistisch Praktizierenden zu helfen, die aus dem Gefängnis entlassen werden und über keine finanziellen Mittel oder Unterstützung von außen verfügen. Viele Leute kehren vor allem deswegen ins Gefängnis zurück, weil ihre Situation draußen hoffnungslos ist und die Gesellschaft sie selbst dann noch mit erdrückenden Forderungen bedrängt, wenn nicht einmal ihre nächste Mahlzeit gesichert ist. Um diesen Erfordernissen gerecht zu werden, riefen wir das Way-Home Project ins Leben.

Der Plan ist, eine Stiftung oder eine andere gemeinnützige Organisation zu gründen, die von einer Sangha oder einem buddhistischen Zentrum von außerhalb des Gefängnisses geführt wird. Jede buddhistische Organisation, die mit Gefangenen arbeitet, kann Gelder vom Way-Home Project dafür beantragen, um einen Buddhisten, der aus dem Gefängnis entlassen wird, zu unterstützen. Diese Unterstützung kann zum Beispiel aus Gutscheinen für Kleidung, Beförderungsmitteln, einem Telefonanschluss, Nahrungsmitteln und einer Unterkunft bestehen. Die Höhe des Betrages soll dabei der jeweiligen beantragenden buddhistischen Gruppe überlassen bleiben. Auf diese Weise würde das Way-Home Project zahlreiche „Zweigstellen" haben, ohne dass dadurch Geschäftskosten entstünden. Unser Traum ist es, zu guter Letzt im Nordwesten der Vereinigten Staaten oder in New Mexico ein Retreat Center* als monastische Alternative zu Bewährung, Hafturlaub und vielleicht sogar bestimmten Freiheitsstrafen zu bieten. In diesem Zentrum sollen einige ehemalige Gefangene wohnen und es könnte von nationalen und internationalen buddhistischen Organisationen für Retreats und Seminare genutzt werden. Ein Teil der Pflichten der Bewohner würde darin bestehen, als Personal dort zu arbeiten oder Hausmeistertätigkeiten zu übernehmen.

Um diesem Projekt die nötige Aufmerksamkeit zu verschaffen und Geld dafür aufzutreiben, entwarfen wir ein einzigartiges T-Shirt-Design und machten die Shirts dem öffentlichen Verkauf zugänglich. Wegen der strengen Auflagen in diesem Umfeld ist ein solches Projekt schwer zu realisieren. Es dauerte Jahre, um Dinge zu erledigen, für die man normalerweise bloß ein paar Monate bräuchte. Eine weitere gute Achtsamkeitspraxis – Geduld. Die T-Shirts kamen bei allen, die sie sahen, gut an, selbst bei Thich Nhat Hanh, der netterweise eines von ihnen anzog, als Rowan Conrad, einer seiner Schüler, der ehrenamtlich Kurse in *Airway Heights* leitet, es ihm schenkte.

....

*   Ein Retreat Center ist eine Art Tempel oder Kloster, wohin man sich für längere Perioden intensiven Praktizierens begeben kann.

Inmitten all dieser Aktivitäten hatten wir auch noch mit unnötigen Auflagen zu kämpfen und mit einer gewissen Voreingenommenheit, die sich gegen buddhistisch Praktizierende im Gefängnis richtete. Wir waren dazu gezwungen, uns unsere Termine für die Praxis, Bücher und Literatur, Sitzkissen und Decken sowie einen Altar auf dem Rechtsweg zu erstreiten. Dies kostete eine enorme Menge an Zeit, Energie und Mitteln. Ich trat von Anfang an als Wortführer und Vorsitzender der Gruppe auf. Das war nicht sonderlich schwierig, da wir über eine große Anzahl an engagierten und begabten Mitgliedern verfügten, die dazu bereit waren, mir unter die Arme zu greifen. Der schwierige Teil war es, die Gruppe zusammenzuhalten und auf unsere Ziele hinzuarbeiten, und dabei gleichzeitig unsere Praxis aufrechtzuerhalten. Nicht ganz einfach, wenn die Leute ständig kommen und gehen.

Am Ende unseres zweiten jährlichen Events beschlossen wir, die Veranstaltung im kommenden Jahr dazu zu nutzen, Geld für ausgewählte Wohlfahrtsorganisationen zu sammeln. Einige Leute fanden, dass wir im Hinblick auf das ganze Leiden auf der Welt zu viel Geld für das Festessen aufwendeten und diese Ausgabe nicht rechtfertigen konnten. Andere hingegen brachten vor, dass es uns schließlich nur ein Mal im Jahr gestattet würde, für eine Veranstaltung Essen von draußen zu bestellen, und uns niemand diese kleine Ausschweifung verübeln würde. Wir einigten uns schließlich auf einen Kompromiss: Für jeden Dollar, den wir für die Veranstaltung ausgegeben hatten, würden wir versuchen, einen Dollar für wohltätige Zwecke zu sammeln. Ungefähr zu jener Zeit hatte ich das Gefühl, dass mein engster Freund, Thao, allmählich von mir abrückte. Auch zwei weitere Freunde in der Gruppe distanzierten sich langsam von mir. Schließlich fiel mir auf, dass auch weitere Mitglieder verstimmt waren. Ich ging zu Thao und bat ihn, mich wissen zu lassen, was denn los wäre. Da er mein bester Freund war, erhoffte ich mir von ihm natürlich Zuspruch und Unterstützung. Doch er antwortete bloß vage und wollte sich nicht festlegen. Ein paar Tage später nahm mich ein Mitglied zur Seite, um mir gegenüber seine Besorgnis zu äußern. Der Mann teilte mir mit, dass er und einige andere das Gefühl hatten, dass ich versuchen würde, die Gruppe für politische und eigennützige Zwecke zu benutzen. Ich bat ihn darum, mir den Eigennutz aufzuzeigen und mir zu erklären, was er mit Politik meinte. Doch er war nicht in der Lage, sachlich über das Problem zu sprechen, wurde wütend und sagte laut, ich würde der Gruppe Schaden zufügen. Ich war am Boden zerstört und furchtbar verletzt. Im Geist war mir bewusst, dass es im Gefängnis Egos im Mammutformat gibt, die miteinander um den besten Rang wetteifern. Ich wusste, dass die Leute im Gefängnis extrem sensibel auf jegliche Herabwürdigung reagieren und dass einige der Menschen dort ihre ganz eigenen Pläne verfolgen – in denen außer ihnen selbst nicht unbedingt irgendwer sonst Platz findet. Eine Weile lang schlug ich mich mit einem Anflug von Selbstzweifeln herum. Ich verfiel in eine tiefe Depression, da ich mich von Freunden aus Gründen angegriffen fühlte, die ich als ungerechtfertigt empfand. Am schlimmsten machte mir der Verlust meines Freundes Thao zu schaffen. In dieser Umgebung ist es ein immenser Vorteil, einen Freund zu haben, auf den man sich verlassen kann. Währenddessen wünschte sich der Rest der buddhistischen Gruppe, dass ich als ihr Wortführer weitermachen sollte. Also mühte ich mich weiterhin damit ab, wobei mir allmählich die Bedeutung des Sprichwortes über Führerschaft und Einsamkeit klarer wurde.

Thao war ein sehr unabhängiger, stiller und unnahbarer Mann. Er schloss nicht schnell Freundschaften und fürchtete sich davor, in jegliche Form von Beziehungen zu investieren. Menschen so weit wie möglich aus dem Weg zu gehen, war für ihn die beste Methode, Verletzungen zu vermeiden. Wir hatten mehr als ein Jahr lang in der gleichen Wohneinheit gelebt, bevor wir überhaupt zum ersten Mal miteinander sprachen. Als wir es schließlich taten, kamen wir auf Anhieb gut miteinander klar und schlossen schnell Freundschaft. Für mich war es eine große Ehre, dass er mich als Freund ausgewählt hatte. Thao war Buddhist und begann damit, an der Praxis teilzunehmen, wobei er Erinnerungen an seine Herkunft mit der Sangha teilte. Wir schufen uns Rituale wie das

Spazierengehen im Hof, bei dem wir lange Gespräche führten, oder das fast allabendliche gemeinsame Kochen und Essen. Bei jenen Gelegenheiten, wo sonst niemand zugegen war, erzählte er mir von seiner Flucht aus Vietnam. Nach vielen fehlgeschlagenen Fluchtversuchen hatte er eines Nachts endlich – und unerwartet – Erfolg, konnte sich zuvor jedoch nicht bei seiner Mutter verabschieden.

Das tat ihm sehr weh, und er beklagte es immer und immer wieder. Was sein Leiden noch verschlimmerte, war, dass er glaubte, sein Vater würde ihn hassen, weil er die Chancen, die sich ihm durch seine Flucht eröffneten, vertan hatte. Außerdem war er sich sicher, dass sein Vater ihn dafür hasste, dass er ein Verbrechen begangen und damit Schande über seine Familie gebracht hatte. Ich versuchte ihn dazu zu bewegen, seinem Vater zu schreiben, doch er beharrte darauf, dass dies zwecklos wäre. Aus seiner Perspektive sah es so aus, dass man ihn aufgegeben hatte oder dass er alle Personen verloren hatte, die er in seinem Leben jemals geliebt hatte. Die Welt mit Thaos Augen zu sehen, lehrte mich Sachen über mich selbst, die mir bis dahin völlig unbekannt gewesen waren. Er war wie mein eigener persönlicher Zen-Meister. Er hatte eine stille Geduld und ein buddhagleiches, ansteckendes Lächeln. Einmal setzte sich ein Mitgefangener neben uns und fing damit an, uns Vorwürfe wegen unserer Teilnahme an der buddhistischen Praxis zu machen. Ich wurde wütend, doch Thao lächelte ihm bloß zu und fragte ihn, was er denn für eine Alternative anzubieten hätte. Der Mann machte sich schnell wieder auf, wobei er uns als dumm bezeichnete. Thao, mein Lehrer, zeigte mir, dass es tatsächlich Alternativen gab. Beinahe ein Jahr lang schien mein Leben als Gefangener eine radikale Wandlung zu durchlaufen. Bewusstheit und Verständnis traten an die Stelle meiner Wut und meiner Ängste. Je mehr ich über das Leben meines Freundes und sein Leiden lernte, desto besser verstand ich mein eigenes.

Eines Abends bereitete Thao ein köstliches Reis- und Nudelgericht zu. Er machte so viel Essen, dass mir klar war, dass wir alleine auf keinen Fall dazu in der Lage gewesen wären, alles aufzuessen. Ein weiterer Mitgefangener trieb sich hungrig in der Nähe herum, gab sich aber gleichzeitig Mühe, nicht aufdringlich zu wirken. Ohne darüber nachzudenken oder Thao zu fragen, lud ich den Mann dazu ein, mit uns zu essen. Er brachte seine Schale, seine Gabel und einen gesegneten Appetit mit. Ohne große Anstrengung vertilgte er in etwa die Hälfte des Essens, das Thao so sorgsam und liebevoll zubereitet hatte. Aus meiner seligen Perspektive war ich froh darüber, jemanden, der so hungrig war, mit Essen versorgen zu können.

Doch ich versäumte es, mir die Situation aus Thaos Blickwinkel anzuschauen. Ich drängte Thao jemand anderen auf, obwohl ich ja sehr gut wusste, dass ihm solche Situationen äußerst unangenehm waren. Ich hatte mich mit ihm nicht einmal besprochen, bevor ich unseren Gast zum Essen einlud. Es war auch nicht mein Essen, das ich ihm anbot. Und was vielleicht sogar das Wichtigste war: Wenn wir zusammen aßen, war das traditionsgemäß „unsere Zeit". Tagsüber versuchten ständig irgendwelche Leute, mich jedes Mal, wenn ich die relative Sicherheit meiner Zelle hinter mir ließ, abzupassen und meine Aufmerksamkeit mit Fragen, Bitten und ihrem Bedürfnis, sich die Langeweile zu vertreiben, in Beschlag zu nehmen. Die einzige Zeit, zu der ich mich mit Thao unterhalten konnte, war an jenen Abenden, an denen wir zusammen aßen. Ich hatte Thao um diese besondere Zeit gebracht, die wir uns inoffiziell geschaffen hatten. Ich war unsensibel gewesen, und in Bezug auf die Gesamtsituation auch unachtsam. Ich hatte unsere Freundschaft als selbstverständlich hingenommen.

An jenem Abend schien noch alles in Ordnung zu sein, doch am nächsten Tag bemerkte ich, dass Thao sich nicht so verhielt wie üblich. Ich fragte ihn, ob irgendetwas nicht stimmte. Seine einzige Reaktion war ein angedeutetes Lächeln und ein leises „Nein". Mit jedem Tag, der verging, fand er neue Methoden, mir aus dem Weg zu gehen. Ich beschloss, ihm Raum zu geben, und hörte damit auf, ihn zu fragen, was denn los wäre. Es dauerte ein paar Tage, doch schließlich ging mir auf, dass der Grund dafür, dass er mich mit Schweigen strafte, darin lag, dass ich jemanden zu unserer Mahlzeit eingeladen hatte. Ich trat an Thao heran und machte direkt einen weiteren Fehler. Zuerst entschuldigte ich mich zwar dafür, ihn wegen des Essens nicht gefragt zu haben. Doch dann ging ich dazu über, mein Handeln zu rechtfertigen, indem ich sagte, dass wir als Buddhisten unsere Habseligkeiten teilen und nicht geizig sein sollten, wenn andere ihrer bedürfen. Indem ich das sagte, teilte ich meinem Freund im Wesentlichen mit, dass er kein guter Buddhist wäre, dass er egoistisch wäre und dass er keinen Sinn für die Bedürfnisse anderer hätte. Thao wandte sich von mir ab und sprach über ein Jahr lang nicht mehr mit mir.

Ich suhlte mich in Selbstmitleid und erlaubte so meinem Stolz und meinem Ego, mein Verständnis der Dinge zu beeinträchtigen, die wichtig waren. Ich erlaubte es der Unwissenheit, mich uneingeschränkt zu beherrschen. Beinahe sechs Monate lang führte ich mein tägliches Dasein einfach fort und tat dabei so, als wäre alles in Ordnung. In Wirklichkeit jedoch litt ich. Mir fehlte die Gesellschaft meines Freundes. Mir fehlten die gemeinsamen Mahlzeiten und intensiven Gespräche.

Die ersten paar Monate über ertrug ich mein Leiden still, während ich meine tägliche Routine durchlief. Doch dann wachte ich eines Tages auf und beschloss, dass es so nicht weitergehen konnte. Thao war schließlich mein bester Freund und ich wollte jene Beziehung nicht einfach aufgrund des Geredes anderer Leute aufgeben – und natürlich auch nicht wegen einer Mahlzeit. Ich versuchte, mich Thao auf verschiedenen Wegen zu nähern, doch den indirekten Methoden, die ich anwandte, öffnete er sich nicht. Ich hatte Angst davor, einfach auf ihn zuzugehen und mich ohne Umschweife zu entschuldigen, da ich befürchtete, dass alles hinüber sein würde, wenn er die Entschuldigung nicht annähme. Zu jener Zeit beschloss ich, dass Thao fortan nicht mehr mein Freund, sondern mein persönlicher Zen-Meister wider Willen sein würde.

Das Erste, was ich zu tun hatte, war, mein Denken zu ändern und vom „ich" zu einem schwerer zu umreißenden „wir" überzuwechseln. Ich fing an, meinen Zen-Meister mit etwas zu betrachten, das Buddhisten als *Metta* oder liebende Güte bezeichnen. Um das zu tun, musste ich meine eigenen Gefühle der Verletzung, des Verrats und der Verwirrung außen vor lassen. Bereits dadurch lehrte mich mein Zen-Meister, Metta für meinen bestehenden Gefühlszustand zu empfinden, davon abzulassen, mich an die Objekte meiner Abneigung zu heften, und die Kleingeistigkeit loszulassen. Das Verständnis universellen Schmerzes und Leidens erleichterte es mir, einzusehen, dass Thao ebenso litt wie ich. Seine Erfahrungen unterschieden sich zwar von den meinigen, da sie sich zu anderen Zeiten und an anderen Orten zutrugen. Aber dennoch waren der Schmerz und das Leiden für uns beide gleich, so wie sie es für uns alle sind.

Ich erinnerte mich an Thaos Geschichten über die sieben Fluchtversuche aus Vietnam, die er als kleiner Junge in einem klapprigen Boot unternommen hatte. Mein Zen-Meister brachte mich nicht nur dazu, zu sehen, dass wir alle leiden, sondern auch, dass wir alle das Leiden unseres Gegenübers verstehen werden, wenn wir uns nur die Möglichkeit einräumen, das zu tun. Allein durch die Erinnerung an seine Geschichte wurde ich schon dazu bewegt, meine Mutter anzurufen, einfach nur, um ihr „Hallo" zu sagen. Noch eine Lektion. Tag für Tag lernte ich von Thao, während ich nach Wegen suchte, unsere in die Brüche gegangene Beziehung zu flicken. Nach einigen Monaten kam Thao aus heiterem Himmel auf mich zu und fragte mich, ob ich beschäftigt wäre und ob wir im Hof spazieren gehen und dabei miteinander reden könnten. Ich war froh und zugleich besorgt darüber. Wir gingen los und redeten während der ersten paar Hundert Meter über alltägliche Dinge. Dann sagte Thao, das er vor kurzem die Einstufung für eine Verlegung durchlaufen und sämtliche Kriterien dafür erfüllt hätte. Er teilte mir mit, dass er frühestens in zwei Wochen und spätestens in einem Monat in eine andere Vollzugsanstalt verlegt werden könnte. Er sagte mir, dass er es sich nicht verzeihen könnte, wenn er ginge, ohne sich für alles, was in der Vergangenheit vorgefallen war, zu entschuldigen. Auch ich entschuldigte mich und uns beide überkam ein enormes Gefühl der Erleichterung. Thao fungierte weiterhin als mein Zen-Meister, indem er vorschlug, miteinander

Zeit im gegenwärtigen Moment zu verbringen und uns keine Sorgen über seinen bevorstehenden Abschied oder banale alltägliche Belange zu machen. Von da an wurden wir wahre Freunde.

Thao erklärte mir, wie die Gerüchte über mich in Umlauf gekommen waren und sich hochgeschaukelt und verbreitet hatten, was mir schließlich so viele Probleme bereitet hatte. Ich war extrem erleichtert darüber, zu hören, dass Thao die Gerüchteküche nicht angeheizt, sondern mich stattdessen verteidigt hatte. Mit einem Gefühl, das schon an Freude grenzte, vergab ich sämtlichen Beteiligten, und jene einfache Handlung enthob mich der Bürde aus Hass und Missmut, die ich mit mir herumgeschleppt hatte. Davon abgesehen stand unsere jährliche buddhistische Feier ins Haus und verlangte mir eine Menge an Aufmerksamkeit und Energie ab.

Das Glück war mit uns, und in Thaos Zelle wurde plötzlich und unerwartet ein Platz frei. Ich konnte mit ihm zusammenziehen, was für uns beide ein ideales Arrangement darstellte. Thao konnte noch an dem buddhistischen Fest teilnehmen, das ein großer Erfolg wurde. Nach der Veranstaltung übten Thao und ich, im gegenwärtigen Moment zu verweilen. Ich teilte ihm mit, dass ich während unserer schwierigen Übergangszeit die Entscheidung getroffen hatte, ihn zu meinem Zen-Meister zu machen. Nur wenig später erreichte uns die Nachricht, dass Thao schon bald verlegt werden würde. Da er an einen besseren Ort kam, an dem sich ihm mehr Möglichkeiten bieten würden, freute ich mich für ihn, war jedoch gleichzeitig traurig. Ich wollte nicht über seinen bevorstehenden Abschied nachdenken. Die letzten Stunden, die wir gemeinsam verbrachten, waren geprägt von Verständnis und innigem Miteinander, erfüllt von Lachen und achtsamer Wertschätzung der Tatsache, dass es uns vergönnt war, eine so außerordentliche Erfahrung miteinander zu teilen. Nachdem er sich verabschiedet hatte, sah ich Thao dabei zu, wie er den Gehweg entlangspazierte. Bevor er um die Ecke bog, drehte er sich noch einmal um und winkte. Ich glaube nicht, dass ich ihn jemals wiedersehen werde.

Ich begab mich in meine Gefängniseinheit zurück und stand dort, die Hände in den Taschen, schaute mich um und versuchte, herauszufinden, was ich nun wohl tun sollte. Sofort kamen einige Leute zu mir und fragten mich, ob sie zu mir in die Zelle ziehen könnten. Plötzlich spürte ich das ungewohnte Brennen von Tränen in meinen Augen. Ich stürzte in meinen Raum und schloss mich darin ein. Ich besah mir die halb leere Zelle. Kein Thao. Ohne Vorwarnung weinte ich los. Mein Körper wurde von heftigem Schluchzen bis in seine Grundfesten erschüttert. Der Verlust lastete so schwer auf mir.

Mit einem Schlag fühlte ich nicht bloß den Schmerz über den Abschied von meinem besten Freund, sondern auch die Auswirkungen sämtlicher Schmerzen, die ich jemals anderen durch Taten, Worte und sogar durch Gedanken zugefügt hatte. Ich verspürte den enormen, zupackenden Schmerz, den die ersten Anflüge dieser Form von Einsicht mit sich bringen. Ich weinte eine ganze Weile lang. Danach fühlte ich mich völlig ausgelaugt, wenn auch auf seltsame Weise gereinigt. Mein Zen-Meister wider Willen lehrte mich immer noch. Mein Verständnis von Mitgefühl hatte sich vertieft. Dank des Verständnisses und der Liebe meines jungen Freundes, bin ich nun dazu in der Lage, ein wenig klarer zu sehen.

Kurze Zeit später sah ich in den Nachrichten eine alte Frau in einem kleinen Dorf im Kosovo auf einem Haufen Betontrümmer sitzen. Ihr Dorf war bombardiert worden, und kein einziges Haus stand mehr. Ihr Gesicht, von Jahren harter Arbeit und ihrem Leiden schwer gezeichnet, war tränenüberströmt. Der Winter nahte. Wie würde sie an Essen kommen? Wo konnte sie nun wohnen? Hatte ihre Familie überlebt oder hatten die Serben sie zusammen mit den Tieren vom Hof getötet? Ich weinte, als ich sie sah. Ich spürte ihren Verlust wie meinen eigenen. Thao drang immer noch zu mir durch, lehrte mich und half mir sehen. Ich weinte auch, als ich von Matthew Shepherd hörte. Die Tatsache, dass man ihn brutal verprügelt, ausgeraubt und zum Sterben an einen Zaunpfosten gehängt hatte, bloß weil er schwul war, war nicht der einzige Grund, aus dem ich weinte. Ich weinte auch um die beiden Jungen, die beide ein Leben gelebt hatten, das solche Taten überhaupt erst ermöglichte. Mich umgab ein endloses Meer des Leides, das mich zu verschlingen schien.

Die Zeit, die ich mit Thao verbrachte, hat mich viel über die Fähigkeit gelehrt, inmitten schrecklichen Leidens und menschlicher Tragödien Freude im gegenwärtigen Augenblick zu finden. Ich bin sensibler als je zuvor und auch wesentlich glücklicher. Es gibt keine Bewährungskommission, die das Ausmaß meiner Aufrichtigkeit ermessen kann, und man wird mich dafür, dass ich zu dieser Einsicht gelangt bin, auch nicht früher aus dem Gefängnis entlassen. Doch das ist mir egal. Es ist mir nicht wichtig, ob ich im Gefängnis sitze oder nicht. Am Wichtigsten für mich ist, dass ich weiter auf diesem Weg voranschreite und hoffe, dass ich keine Quelle des Leides mehr sein werde, sondern vielmehr jemand, der sein Bestes gibt, um anderen Freude und Verständnis zu schenken.

Thao wollte niemals mein Zen-Meister sein. Er sträubte sich immer dagegen, hervorzutreten und sich aktiv zu beteiligen, solange man ihn nicht darum bat. Er zog es vor, still als unbeteiligter Zuschauer am Rande zu sitzen. Ich bin einfach dankbar dafür, dass er genug von mir hielt, um ein Risiko einzugehen, mein Freund zu sein und mir ein paar Erkenntnisse mit auf den Weg zu geben.

Köder binden

Von Beginn meiner Haftstrafe an war mir klar, dass es wichtig sein würde, über eine Einkommensquelle zu verfügen. Wie man im Gefängnis behandelt wird, hängt sehr von der eigenen Zähigkeit, Stärke, Größe und Macht ab. Ein Einkommen befreit dich von der Verletzlichkeit, die sich daraus ergibt, andere Gefangene, die deine Bedürfnisse für ihre Zwecke ausnutzen könnten, um Gefallen bitten zu müssen. Ein Einkommen verschafft dir Zugang zu Seife, Shampoo und einer Zahnbürste sowie Zahnpasta. Sauber zu sein hebt deine Stimmung immerhin so weit, dass du dich menschlich fühlst. Solche Dinge machen hier schon den entscheidenden Unterschied aus. Diejenigen, die im Gefängnis ein wenig Geld haben, kommen zurecht. Diejenigen ohne Geld verbringen den größten Teil ihres Tages damit, hinter dem herzulaufen, was sie brauchen.

Die meisten Jobs im Gefängnis bringen dir nicht mehr als 25 Dollar im Monat ein. In den Gefängnissen des Bundesstaates Washington wird einem unabhängig davon, ob man tatsächlich fernsieht oder nicht, eine Fernsehgebühr von 50 Cent berechnet. Wenn du zum Allgemein- oder Zahnarzt musst, stellen sie dir automatisch eine Eigenbeteiligung von drei Dollar in Rechnung. Je mehr du verdienst, desto mehr wird davon abgeführt. Beträge für Organisationen der Opferhilfe, Ersparnisse, Kosten der Inhaftierung, finanzielle Verpflichtungen und weitere Gebühren können ein Geldgeschenk von 100 Dollar, das einem ein Nahestehender sendet, auf kaum mehr als 25 Dollar reduzieren.

Ich verdiente zu Beginn meiner Haftstrafe als Angestellter des Kaplans 25 Dollar im Monat. Ich war mir der unausweichlichen Tatsache bewusst, dass es eine ziemliche Herausforderung darstellen würde, mit den 23 Dollar, die mir nach Abzügen verbleiben würden, auszukommen. Doch eine ganze Weile lang kam mir keine

Methode in den Sinn, mit der ich auf legale Art und Weise hätte mehr Geld verdienen können. Ich verfügte über keine künstlerische Begabung. Meine Gedichte waren zu blasiert, um mir viel Geld einzubringen. Ich schien nicht weiterzukommen – bis mir wieder einfiel, wie sehr ich es als Kind geliebt hatte, im Sommercamp Angelköder zu binden. Ich erkundigte mich nach Gefängnishobbys und war froh darüber, zu erfahren, dass ich mir in meiner Zelle eine Sammlung von Kuriositäten zulegen durfte, die ich zum Binden der Köder benötigte. Ich hatte ein wenig mehr als 300 Dollar zusammengespart und gab sie komplett für Werkzeug zum Köderbinden und entsprechende Materialien aus.

Ich brauchte Monate, um die Grundprinzipien dieses Handwerks zu erlernen. Ein erstklassiger inhaftierter Köderbinder brachte mir nach anfänglichem Sträuben Tricks und Techniken bei. Mein hauptsächliches Fachgebiet waren Trockenköder, die auf der Wasseroberfläche schwimmen, im Gegensatz zu Nassködern, die untergehen. Mir gefiel, wie sie aussahen, und die Nachfrage nach vernünftig gefertigten Trockenködern war im ganzen Land groß.

Nachdem ich im Binden von Trockenködern ziemlich geschickt geworden war, machte ich mich auf die Suche nach diversen Vertriebsstellen, die meine Köder verkaufen würden. Ich schickte Muster an Angelläden und Lieferanten. Die Leute rannten mir zwar nicht gerade die Tür ein, um meine Köder zu kaufen, aber ab und an gingen auch mal beeindruckende Bestellungen bei mir ein. Meine erste große Bestellung waren 600 White-Wolf-Köder zu 75 Cent pro Stück. Die Wolf-Serie binde ich am liebsten, ganz besonders den Royal Wolf. Dieser Köder hat vorne Hahnenfedern, Kalbsschwanz als Flügel, einen Torso aus Pfauenfeder und roter Seidenbaumwolle und als Schwanz Rehschweif oder Hahnenfedern. Ein sehr anziehender Köder. Ungefähr zur gleichen Zeit, in der ich mit dem Köderbinden begonnen hatte, fing ich auch damit an, Buddhismus zu praktizieren.

Es kam eine Zeit, in der ich wunderbare Köder für alle möglichen Kunden einschließlich einiger Vollzugsbeamter anfertigte.

Ich war so stolz auf sie, dass ich, ohne mir dabei groß etwas zu denken, Muster von ihnen an Sensei Sunyana Graef und Zen-Priester Vanja Palmers sandte. Mit beiden korrespondierte ich ziemlich regelmäßig. Die Zeit verging, doch keiner der beiden erwähnte in ihren Briefen jemals etwas von den Ködern, die ich ihnen geschickt hatte. Monatelang war ich verwirrt und ratlos. Eines Tages wurde es mir dann während der Meditationspraxis schlagartig klar. Angelköder locken Fische an den *Haken*. Ich beteiligte mich also an dem schädlichen Handeln, Leiden zu verursachen. Diese Erkenntnis erschütterte mich. Nicht weil ich dadurch zu einem verwirklichten Wesen geworden wäre, sondern weil ich nun eine Entscheidung treffen musste. Entweder würde ich damit aufhören, Köder zu verkaufen, und demzufolge wieder im „Armenhaus" landen, aber meinen buddhistischen Prinzipien wirklich treu bleiben, oder ich wäre halt kein Buddhist mehr und machte mir darum einfach keine Sorgen. Keine der beiden Alternativen sagte mir zu, also wählte ich einen Kompromiss. Statt Köder zum Angeln herzustellen, würde ich sie als Wandtrophäen anfertigen. Die Leute zahlten ordentliche Preise für Lachs- und bestimmte Salzwasserköder. Ich würde weiterhin das wunderbar entspannte Gefühl genießen können, das ich beim Köderbinden hatte, indem ich Wandschmuck anfertigte, und ich konnte immer noch durch die Gegend stolzieren und verkünden, dass mein buddhistischer Weg ein ehrenhafter wäre.

Und wiederum sandte ich mit Begeisterung Muster an Vanja und Sunyana und teilte ihnen mit, ich hätte mittlerweile eingesehen, dass die Haken schädlich waren und dass meine Praxis mich zu dieser Einsicht geführt hatte. Statt Köder zum Angeln herzustellen, machte ich nun Köder zum Anschauen. Junge, ich kam mir selbst total großartig vor! Selbstverständlich sagte weder Vanja noch Sunyana jemals etwas zu den Ködern. Ich war genauso verblüfft wie vorher.

Ich brauchte weitere zwei Jahre Praxis, bevor ich eines Tages plötzlich kapierte, dass die Materialien, die ich verwendete, von Tieren stammten, die eigens dafür gezüchtet und getötet wurden, um ihre Körperteile Köderbindern wie mir zu opfern. Es lässt sich nur schwer beschreiben, wie dämlich ich mir vorkam. Mir fällt es sogar noch schwerer, zu beschreiben, wie elend ich mich fühlte. Nicht ein einziges Mal hatte mich einer meiner buddhistischen Freunde kritisiert oder verurteilt. Sie ließen mich meinen eigenen Weg zur Erkenntnis finden. Ich brauche manchmal etwas länger, doch wenn ich's dann kapiere, kapier ich's auch.

Ich entledigte mich all meiner Ausrüstung zum Köderbinden. Nun fertige ich *Malas*, Ketten aus buddhistischen Gebetsperlen. Ich versuche, so viele wie möglich von ihnen zu verkaufen, doch meistens läuft es darauf hinaus, dass ich sie für andere Gefangene mache. Reich werde ich so ganz sicher nicht. Aber andererseits erkenne ich, wenn ich einen Blick auf das werfe, was ich auf dem Pfad bisher gelernt habe, und meine überall auf diesem Planeten verteilten buddhistischen Freunde betrachte, dass ich bereits unermesslich reich bin.

Ich frage mich allerdings, wie viele Bäume getötet wurden, um diese Holzperlen herzustellen.

Apfel

An einem Wochenende im Frühsommer fiel leichter Nieselregen, und ich wollte es mir nicht gestatten, an bessere Orte zu denken, an denen ich sein könnte. Die Luft roch frisch und sauber, als ich aus meiner Wohneinheit trat, um mich auf das lange Stück Weg bis zur Hauptkantine zu begeben. Das feuchte Ambiente rief nostalgische Erinnerungen wach. Trotz meines Versuches, fröhlich zu sein, ließen sich Gefühle der Melancholie auf mir nieder wie hartnäckiger Nebel und durchtränkten alles. Ich musste meine ganzen Reserven aufbringen, um mich der Aussicht auf ein weiteres Gefängnisessen stellen zu können.

Als ich wieder das Trockene erreichte, war meine Stimmung passend zum grauen Wetter furchtbar trüb. Während ich mich in Richtung Kantine aufmachte, versuchte ich, meinen Geist daran zu hindern, sich schon einmal die kulinarischen Überraschungen auszumalen, die uns dort sicherlich erwarten würden. Ich bemühte mich, nicht auf die zusammengepferchte Menschenmasse zu reagieren, die dort lautstark Dinge verzehrte, die man eigentlich nur als fragwürdig bezeichnen kann. Ich schob die Gedanken an jene Gefangene beiseite, deren Tischmanieren an diverse menschliche Jahrmarktattraktionen erinnern. Ich nahm meinen Platz in der Essensschlange ein, direkt hinter einem außerordentlich behaarten Insassen, der bei jedem Schritt Grunzlaute ausstieß. Urplötzlich packte mich die Platzangst und ich wollte wegrennen. Mir wurde extrem heiß und ich verspürte ein verzweifeltes Verlangen danach, mich zurück nach draußen in den reinigenden Regen zu flüchten. Dort fühlte ich mich immerhin menschlich, ja sogar lebendig.

Bevor ich abhauen konnte, war ich jedoch am Fenster der Essensausgabe angelangt. Ein Tablett kam heraus. Ich hielt inne und starrte erstaunt darauf. Dort befand sich, genau neben dem bräunlichen, verschrumpelten Mais, ein Stück oberhalb des

Klumpens falschen Kartoffelbreis und auf der anderen Seite des roten Zeugs, ein Apfel. Und nicht einfach irgendein Apfel. Ein außergewöhnlicher Apfel. Es war der schönste grüne Apfel, den ich je gesehen hatte. Er lag dort wie ein kostbares Juwel im dunklen Schlamm. Aus dem makellosen Grübchen des Apfels ragte ein kleiner Stiel hervor. Diesem entwuchs ein leuchtend grünes Blatt, das tapfer wie eine Flagge an ihrem winzigen Mast wehte. Die Schale saß stramm an der Frucht, deren Form von jener Vollkommenheit war, die klassische Maler auf ihren Werken eingefangen haben. Verheißungsvoll lockte sie mit dem Versprechen auf eine knackige Köstlichkeit.

Ich muss wohl ungefähr eine halbe Minute lang einfach nur dort gestanden haben, denn der Mann hinter mir forderte mich grob dazu auf, weiterzugehen. Ich ignorierte seine Kommentare bezüglich meiner Herkunft und starrte einfach nur diese Frucht an, die mir das Einzige zu sein schien, was in der gesamten Kantine existierte. Irgendwie brachte ich es fertig, mein Tablett abzustellen, während ich den Apfel in einer Hand hielt. Als ich endlich draußen war, balancierte ich den Apfel in meiner geöffneten linken Hand. Regentropfen prallten von seiner grünen Schale ab und verliehen ihm dadurch eine noch eindrucksvollere Erscheinung.

Als ich von der Kantine zurückging, hörte der Regen auf und Sonnenstrahlen bahnten sich ihren Weg durch die dunklen Wolken – wie Finger, die in der Dunkelheit umhertasten. Ich ging langsam, meinen Apfel in der Hand haltend. Ich spürte, wie Gefangene und Wärter mich anstarrten. Einatmend roch ich *Apfel*, ausatmend *das Universum*. Alles, was ist und jemals war, war in diesem Apfel enthalten. Das war eine Offenbarung! Ich konnte es mit der schroffen Präzision von zerschmettertem Glas sehen. Die Antwort und die Frage steckten in diesem Apfel. Ich fühlte unerklärliche Freude und gleichzeitig gespannte Aufmerksamkeit. Nie zuvor in meinem Leben hatte ich mich besser gefühlt. Mir war klar, dass niemals etwas besser sein würde als dieser Moment.

Der Apfel war für mich nicht mehr nur ein bloßer Apfel. Ich sah in ihm die lange Reise, die diese Frucht unternommen hatte, um bei mir anzukommen. Genau hier, genau jetzt. Ein absolutes Wunder! Ich konnte problemlos den Samen sehen, aus dem dieser Apfel schließlich gewachsen war. Das Wachstum des Baumes, die Pflege, die Arbeit – und selbst das Leiden, das in die Schöpfung eines solch wunderbaren Apfels eingeflossen war. Ich entsann mich des Wassers und der Mineralien, die an der Erzeugung dieser perfekten Frucht beteiligt gewesen waren. Ich spürte die Sonne auf meinem Kopf, die gleiche Sonne, die einst die Blätter des Apfelbaums genährt hatte. Ich verhedderte mich in dem Versuch, die Tausenden von Leuten zu identifizieren, die daran mitgewirkt hatten, diesen Apfel zu erschaffen und ihn zu mir zu bringen. Die Farmarbeiter und ihre Familien, die Erzeuger, die Wissenschaftler, die Menschen im Abpackbetrieb, Lastwagenfahrer, Verkäufer, Politiker, Spitzenverdiener und Mindestlohnarbeiter, die Ernährungsberater, die Wärter und all jene anderen Wesen, die auf irgendeine Weise daran beteiligt gewesen waren, diesen Apfel möglich zu machen. Ich dachte an die Bienen und die Würmer sowie die alten Blätter, die den Boden mit Nährstoffen angereichert hatten.

In meiner Zelle angelangt, legte ich den Apfel auf meine gefaltete Decke und meditierte sitzend mit ihm zusammen. Ich konnte seinen weihrauchähnlichen Duft riechen. Eine verlockende Note. Ich lächelte. Schließlich war ich vor eine Entscheidung gestellt – den Apfel zu essen oder nicht. Ließe ich ihn auf meinem Tisch liegen, so würde er schon bald verschrumpeln und seine Schönheit verlieren. Äße ich ihn, wäre der Apfel verschwunden.

Ich war hungrig. Ich aß den Apfel. Er schmeckte köstlich.

Jeder Teil jeden Tages ist eine offene Einladung zu stiller Reflexion und achtsamer Aufmerksamkeit. Das können wir in unserer Gefängniszelle, im Bus, während der Kaffeepause auf der Arbeit, vor einem Stapel schmutziger Teller oder beim Gehen von hier nach dort üben. Jede Gabelung auf der Straße stellt eine weitere Chance dar, sich nicht in festgefahrene Muster und alte Gewohnheiten zu fügen. Sie bietet den perfekten Moment, den Weg zu wählen, der es unserer Aufmerksamkeit erlaubt, sich nach innen zu richten und die Freiheit zu erfahren, die wir alle suchen.

Wenn ich jetzt an jenen Tag mit dem Apfel zurückdenke, lächle ich. Es macht mir Freude zu wissen, dass ich den Rest meines Lebens mit diesem Apfel begehen werde. Stell dir nur vor, wenn ich nicht im Gefängnis gelandet wäre, hätte ich möglicherweise niemals die Schönheit gesehen, die schon immer in diesem Apfel steckte. Das half mir, achtsamer zu werden, und verschaffte mir eine unmittelbare Erfahrung der Schönheit, die allem innewohnt. Sie lindert mein Leiden beträchtlich. Es ist einfach, Schönheit in einer Rose oder einem Sonnenuntergang oder unserem Partner zu sehen. Dinge, die Gefühle von Wärme und Freude hervorrufen, werden von ihren Betrachtern ebenfalls oft als schön empfunden. Doch in Wirklichkeit kann Schönheit alles sein, was wir als schön ansehen möchten. Richtig gut wird es dann, wenn wir die Schönheit in einer Büroklammer, einer zerfetzten Zeitung, einem alten Schuh oder einem Apfel sehen können. Jeder Augenblick bietet Gelegenheiten dazu, die Schönheit in allen Dingen zu sehen, selbst eine Mahlzeit im Gefängnis ... aber um das zu entdecken, musst du nicht dorthin.

Hacksaw*

In Gefängnissen, den am dichtesten besiedelten Grundstücken Amerikas, ist es genauso einfach, in alte Gewohnheiten des Urteilens zurückzufallen, wie auf glitschigen Steinen auszurutschen, auf denen man einen reißenden Fluss überqueren möchte. Bereits die Navigation durch die Vielzahl der vertretenen Persönlichkeiten ist vergleichbar mit dem Anschwimmen gegen eine Sturmflut – eine erschöpfende, äußerst gefährliche Erfahrung. In jenem Umfeld werden Akte des Mitgefühls oftmals zugunsten der Selbsterhaltung beiseitegeschoben.

Jede Woche kommen Dutzende von neuen Gefangenen an und verändern das Erscheinungsbild und Gefühl der inhaftierten Gemeinde. Einige der Neuankömmlinge versuchen, sich einzugliedern, indem sie ihre Brust rausstrecken, um jedem zu zeigen, dass sie hart sind. Andere versuchen, ihre Ängste in der Anonymität der dahinziehenden Massen zu verbergen. Einige der Rückfälligen laufen alten Freunden über den Weg, was auf Außenstehende wie freudiges Wiedersehen wirken muss. Tatsächlich ist es bloß die Bestätigung erneuten Scheiterns.

Der ständige Umbruch zwingt einen dazu, potenziellen Gefahren, Tricksereien und weiteren Unwägbarkeiten wachsam gegenüberzustehen. Wenn du ein Risiko eingehst und versuchst, eine Verbindung zu einem anderen menschlichen Wesen zu knüpfen, wird diese Beziehung von denjenigen, die zu gelangweilt sind, um sich eine produktivere Beschäftigung zu suchen, beständig und genauestens beäugt. Die Fluktuation innerhalb jeder Gefängnisbevölkerung führt dazu, dass man kurzlebige Bindungen eingeht. Das einzig Konstante ist das Ticken der Uhr.

....

* *Hacksaw* bedeutet Hub- bzw. Kreissäge. Da es sich in diesem Fall um den Spitznamen eines Gefangenen handelt, bleibt der Begriff im Weiteren unübersetzt.

Viele Leute im Gefängnis sehen ihre Zeit „drinnen" als Aufenthalt in einer Art surrealem, makaber gestaltetem Freizeitpark an. Zu Anfang fühlt sich im Gefängnis nichts wirklich an. Und Freundschaften dauern ungefähr so lang wie eine Karussellfahrt. Gefängnis kann dermaßen verwirrend sein, dass man lediglich versuchen kann, irgendwie den Tag zu überstehen. Wer braucht schon die zusätzliche Bürde, eine andere Person mitfühlend ins eigene Leben aufzunehmen, wenn einen der Kampf ums Überleben bereits völlig auslastet? Im Gefängnis zu sein, fühlt sich an wie eine Schallplatte, bei der die Nadel im Song „Hotel California" von den Eagles hängen geblieben ist und die immer wieder *You can check-out any time you like, but you can never leave* spielt.*

Eine weitere Ladung Neuankömmlinge wurde im Gefängnis abgesetzt. Ich sehe sie von meinem Fenster aus ankommen, als sie aus dem Auffangraum heraus auf die Gehwege zu ihren jeweiligen Wohneinheiten zuströmen. Sieben Typen schlagen den Weg zu uns ein und ich erinnere mich daran, wie ich dachte: „Sieben neue Persönlichkeiten. Sieben Gelegenheiten, Geduld zu üben. Sieben neue Lehrer." Aber andererseits war es auch einfach nur eine neue Fuhre Jungs, die hier durchlief. Vielleicht Bewährungsversager, die hier bloß eine Woche oder gerade genug Zeit verbringen würden, um darüber zu stöhnen, wie anstrengend ihre paar Monate Gefängnis sein würden. Und dann verschwinden sie wieder, zurück in die Gesellschaft.

Am gleichen Abend suchte ich auf dem Rückweg von der Bücherei eine der Gemeinschaftstoiletten auf und legte die beiden Reisebücher, die ich ausgeliehen hatte, auf eine der Ablagen, um mir die Hände zu waschen. Neben mir befand sich einer der Neuen. Er war groß, breit gebaut und sah aus, als ob er sich in seinen frühen oder mittleren Zwanzigern befände. Sein Kopf war rasiert. Ich konnte sehen, dass er sich die Titel der Bücher anschaute. Plötzlich fragte er mich, was ich über Tschechien wüsste. Ich schaute

---

* Sehr frei übersetzt: *Du kannst zwar jederzeit dein Zimmer räumen, aber raus kommst du hier nie.*

zu ihm auf und versuchte, nicht allzu kommunikationsfreudig zu wirken, indem ich antwortete, dass ich mal in Prag gewesen war. Ich konnte einfach nicht anders, als auf die riesige Narbe zu starren, die sich von Ohr zu Ohr quer über seinen Kopf zog. Zahlreiche andere Narben verliefen im Zickzack über seinen verbeulten Schädel, und ich musste ihn einfach danach fragen. Er lächelte bloß und sagte, dass er mit seinem Skateboard immer dumme Sachen anstellte. Ich schlug ihm vor, entweder auf Bowling oder Häkeln umzusteigen, weil es so aussah, als wäre er ein ziemlich erbärmlicher Skateboardfahrer. Er lachte und stellte sich mir als Joseph vor. Dann tat er etwas, dass zu seinem Markenzeichen werden und ihm den Spitznamen Hacksaw eintragen würde. Er sog grunzend Luft ein, räusperte sich und hustete laut. Das tat er drei Mal, bevor ich aus den Toiletten flüchten konnte. Das dreistufige Hustprogramm, das er abzog, war nervtötend, und er hatte bereits mehr von meiner Zeit in Anspruch genommen, als ich loswerden wollte.

Einen Monat später saß ich im Aufenthaltsraum vor meiner geöffneten Bastel- und Hobbykiste und sortierte eine umfangreiche Sammlung von Holzperlen. Joseph schlenderte im Aufenthaltsraum herum, wobei er auch an meinem Tisch vorbeikam und gelegentlich einen seiner charakteristischen Grunz-Räusper-Huster von sich gab. Ich wusste, dass er versuchte, mitzubekommen, was ich tat, und betete, dass er sich nicht zu mir setzen und mich fragen würde. Doch er tat es. Ich erklärte ihm kurz, dass ich Malas für Gefangene anfertigte. Dann musste ich erklären, was Malas waren, was wiederum zu Fragen über Buddhismus führte.

Joseph wirkte auf mich wie ein typischer junger Kerl, der kurze, prägnante, einfache Antworten auf seine Fragen erwartete. Statt ihm längere Erklärungen zu liefern, schlug ich ihm daher ein Buch vor, das die meisten seiner Fragen beantworten würde. Ich wollte mich nicht auf ein Gespräch einlassen, da Gespräche für Gefangene oftmals bloß eine Methode sind, sich die Langeweile zu vertreiben. Ich hatte keine Lust, Tausende verschiedener Perlen zu sortieren, währenddessen Fragen zu beantworten und mir dabei auch noch alle zwei bis drei Minuten jene Grunz-Räusper-Huster anzuhören. Andere Buddhisten setzten sich zu mir an den Tisch, und während wir Perlen sortierten, redeten wir ruhig über den Dharma und die Sangha. Joseph hörte zu und der Abend verging wie im Flug.

Joseph stellte weiterhin Fragen über Buddhismus und zeigte dabei so viel Interesse, dass ich immer mehr Zeit dafür aufwendete, buddhistisches Material mit ihm zu teilen und es ihm zu erklären. Er begann damit, an unserer wöchentlichen buddhistischen Praxis teilzunehmen und wurde quasi über Nacht zu einem begeisterten Anhänger. Er fing damit an, sich buddhistische Bücher unter den Arm zu klemmen und damit herumzulaufen – manchmal mit bis zu drei Dharma-Büchern auf einmal. Er las diese Bücher im Aufenthaltsraum. Jedem, der es hören wollte, erklärte er, er wäre Buddhist. Ich habe schon Dutzende völlig gefesselter, „wiedergeborener" Buddhisten kommen und gehen sehen. Die meisten von ihnen stürzen sich früher oder später einfach auf das Nächste, was glänzt oder sonst in irgendeiner Weise ihre flatterhafte Aufmerksamkeit auf sich zieht. Ich persönlich hegte den Verdacht, dass Joseph einer von ihnen wäre, doch ich behielt meine Gedanken für mich.

Wenn wir an den Malas arbeiteten, war Joseph immer bereit, einzuspringen – Grunz-Räusper-Hust. Ich musste seine Arbeit des Öfteren neu auffädeln. Schon bald wurde mir klar, dass er wahrscheinlich der unachtsamste Mensch war, dem ich je begegnet war. Er hatte die unangenehme Angewohnheit, mit Leuten, von denen er sich entfernte, über die Schulter weiterzureden. Dabei stieß er natürlich dauernd mit anderen Leuten zusammen. Obwohl er sich immer entschuldigte, regte das die Leute auf, ebenso wie sein unablässiges Grunz-Räusper-Husten.

Leute fanden Joseph oft gleichzeitig sympathisch und nervtötend. Zu Anfang, als ich das Gefühl hatte, dass er in Bezug auf seine Praxis nicht völlig aufrichtig war, bestätigte er meine Befürchtungen. Er benutzte meine Zeit und die der Gruppe dazu, sich durch den Tag helfen zu lassen, und hörte dann damit auf, zur wöchentlichen Praxis zu erscheinen. Er schlief ziemlich viel und strengte sich nicht in der Schule an, um sein GED zu schaffen. Joseph suchte mich immer auf, wenn er sich langweilte, um mir dann Fragen zum Dharma zu stellen. Mittlerweile hatte er genug über Buddhismus in Erfahrung gebracht, um zu wissen, dass ich ihn nicht wegschicken und dann noch weiterhin behaupten könnte, Buddhist zu sein. Gleichzeitig spielte er allerdings Karten und andere Glücksspiele und machte Schulden. Er traf schlechte Entscheidungen hinsichtlich seiner Zellengenossen, was in der Folge zu ernsthaften Schwierigkeiten führte. So gut wie jeden Vorschlag, den ich machte, ignorierte er. Dennoch fragte er mich weiter um Rat.

Schließlich setzte ich mich mit ihm zu einem ernsten Gespräch zusammen. Ich kam ohne Umschweife auf den Punkt. Ich sagte ihm, dass zwar niemand – mich selbstverständlich eingeschlossen – das Recht hätte, die Hingabe eines anderen an die buddhistische Praxis oder den Grad seines Engagements dafür anzuzweifeln, dennoch hätte ich das Gefühl, dass ein Großteil seines Engagements bloße Fassade wäre. Es käme mir vor, als wäre es lediglich eine Methode, in eine Gruppe aufgenommen zu werden – die eigentlich etwas Positives bewirkte – ohne die erforderliche Arbeit tun zu müssen oder Bemühungen zu unternehmen, sich selbst zu ändern. Er war da nicht meiner Ansicht, und ich wies ihn auf einige Beispiele hin, die er nicht abstreiten konnte. Seine Augen füllten sich mit Tränen, und er wirkte tief verletzt.

Einen Augenblick lang zog ich mein Urteilsvermögen in Zweifel. War es denn rechtens, ihn so unverblümt darauf anzusprechen? War es denn mitfühlend, ihn dermaßen bloßzustellen? Doch ich zog es durch, da ich spürte, dass ich nur so zu ihm durchdringen konnte. Ich teilte ihm mit, dass sein gesamtes Leben nach seinem Wunsch verlaufen war. Wenn er etwas wollte, hatte er es bekommen. Wenn er irgendwas nicht wollte – zur Schule gehen zum Beispiel –, zog ihn niemand zur Verantwortung. Alles drehte sich nur um ihn, und er übernahm niemals die Verantwortung für seine Handlungen. Er wäre beinahe vollends in Tränen ausgebrochen, stürmte mit einem Gesichtsausdruck davon, als hätte ich ihn verraten, und sprach einen Monat lang nicht mehr mit mir.

Mehrere Wochen später kam er zaghaft und geradezu verlegen auf mich zu, um mir Fragen zur Praxis zu stellen. Wie zuvor bot ich ihm Rat und Führung an. Mehrere Monate lang ging es zwischen Joseph und mir auf diese Weise hin und her. Er zeigte großes Interesse am Buddhismus, ging dann zurück zu seinen Kartenspielen und ließ sich hängen. Ich spornte ihn dazu an, für sein GED zu lernen, und er erzählte den Leuten, er hätte nicht vor, den ganzen Aufwand zu betreiben, bloß, weil ich es wollte.

Dennoch bat ich Joseph darum, bei unserer jährlichen Veranstaltung einen Vortrag über Achtsamkeit zu halten. Sicher, er war ohne jeden Zweifel die unachtsamste Person unserer gesamten Gruppe. Doch ich fand, dass es ihm genau aus diesem Grund von Nutzen sein könnte, sich über Achtsamkeit Gedanken zu machen. Er machte das ganz wunderbar. Viele Gäste und Mitglieder beglückwünschten ihn und machten ihm Komplimente für seine Aufrichtigkeit und seinen Scharfsinn. Rückblickend glaube ich, dass das ein Wendepunkt für ihn war. Danach lief zwar keineswegs alles glatt – bei weitem nicht. Er stieß immer noch mit Leuten zusammen, aber vielleicht nicht mehr ganz so häufig. Er schien auch immer noch Sachen allein schon dadurch kaputt zu machen, indem er sich in ihrer Nähe aufhielt. Sein Grunz-Räusper-Husten hörte zwar nicht auf, aber er versuchte, bewusster darauf zu achten, wann und wo er ihn vom Stapel ließ. In der Schule legte er sich zwar nicht ins Zeug, machte aber schließlich doch seinen Abschluss.

Josephs Hingabe an den Buddhismus festigte sich, und er lernte und praktizierte mehr, als er es je zuvor in seinem Leben getan hatte. Schließlich führte diese Hingabe zu größerer Bewusstheit und seine Probleme verringerten sich allmählich. Er kümmerte sich freiwillig um den Altar der Sangha und brachte viele Stunden damit zu, das Eigentum der buddhistischen Gruppe instand zu halten. Er meditierte häufiger, und kaufte mithilfe seiner Mutter Sachen für die Sangha. Für unsere diversen Projekte zeichnete er wunderbare Illustrationen, er versäumte nie die Praxis, und so wurde er zu einer wahren Bereicherung für die Sangha. Vor kurzem wurde Joseph nach fast zwei Jahren aus dem Gefängnis entlassen. Er hat Anschluss zu einer Sangha in seiner Gemeinde und praktiziert weiter. Er hat uns als ein weiserer, freundlicherer, glücklicherer und achtsamerer Mensch verlassen. Es war ein sehr emotionaler Augenblick für mich, ihn beim Antritt zur Entlassung den Gehweg entlang zu begleiten.

Ich blicke aus meinem Fenster und sehe fünf Neue den Weg heraufkommen. Weitere strömen aus der Sammelzone und begeben sich zu den jeweiligen Wohneinheiten. Ich weiß nicht, ob welche von diesen Jungs Mitglieder der Sangha oder künftige Freunde sein werden. Doch jeder Einzelne von ihnen hat Potenzial, wenn nur jemand sich die Zeit nehmen würde, ihre Fassade zu durchdringen, um ihren dahinter verborgenen Buddha-Geist zu erkennen.

Neulich bekam ich einen Brief von Joseph. Es geht ihm gut. Das Leben draußen ist für ihn zwar ein Kampf, doch er ist glücklich und bedankt sich bei mir für meine Hilfe. Doch eigentlich bin ich es, der ihm danken sollte.

Shawn

Innerhalb der Gefängnisbevölkerung in Amerika zeichnet sich zunehmend ein Wandel von knallharten Sträflingen hin zu einer fügsameren Gruppe von Leuten ab, die einfach nur den vor ihnen liegenden Tag überstehen wollen. Vielleicht ist dieser Wandel auf den zunehmenden Konsum von Crystal Meth und den daraus resultierenden Verurteilungen für Drogenbesitz und -schmuggel zurückzuführen. Wenn Süchtige im Gefängnis landen, sind sie gezeichnet von der Droge ihrer Wahl. Viele dieser Leute hat der Knast tatsächlich vor einem frühen Tod bewahrt. Drogenkrank kommen sie ins Gefängnis, ausgezehrt, mit ausfallenden Zähnen. Wenn sie es wieder verlassen, sind sie gesünder und tragen oft sogar einen frischen Satz Zähne.

Eine weitere neue Sorte Gefangene sind junge Männer, die mit ihrem Leben bisher nicht viel angefangen haben. Sie haben keinerlei Schulabschluss, so gut wie nie gearbeitet und anderen Leuten auf der Tasche gelegen. Als sie schließlich erwachsen wurden, übertraf ihr Appetit auf Fast Food und Materielles ihre Fähigkeit, sich diese Dinge auch zu beschaffen, um einiges. Wenn ihre Geldquelle dann versiegt, verkaufen sie schließlich Drogen oder stehlen, um sich genug Burger, Fritten und Bier leisten zu können, um flüchtige Befriedigung zu verspüren.

Dann sind da noch die psychisch Kranken. Vor etwa 20 Jahren schlossen die psychiatrischen Anstalten nach und nach still und unbemerkt ihre Tore, und die mittellosen Geisteskranken standen plötzlich ohne Sicherheitsnetz da. Einige von ihnen waren schließlich so verzweifelt, dass sie kriminell wurden, um ihr Überleben zu sichern. Ein erheblicher Prozentsatz der amerikanischen Gefängnisinsassen ist entweder psychisch krank, von irgendeiner Droge abhängig oder psychisch verkrüppelt, da sie in Milieus aufgewachsen sind, die ihnen nicht im Geringsten vermittelt haben, wie sie sich in die Gesellschaft einfügen können.

Diese Mischung von Leuten macht mittlerweile einen gewichtigen Anteil der Bewohner einiger Gefängnisse aus. Du weißt zu keinem Zeitpunkt, ob die Person, mit der du gerade sprichst, zivilisiert reagieren, sich von dir abwenden oder plötzlich ausrasten, in die Luft gehen und irgendwas tun wird, das sämtliche zufällig Anwesenden in Gefahr bringen würde. In diesem Umfeld ist die buddhistische Praxis der liebenden Güte und des Mitgefühls in jedem einzelnen Augenblick vor Herausforderungen gestellt. Es kostet eine Menge Anstrengung, mit dem endlosen Ansturm von Hass, Gleichgültigkeit und Leid fertig zu werden.

Die Abteilung für geistige Gesundheit in unserem Gefängnis schickt oft Leute zu uns in die Sangha, weil „Meditation erwiesenermaßen hilft". Zu unserem Glück wurde unsere Sangha auf diese Weise um einige engagierte Mitglieder erweitert. Shawn war eines von ihnen.

Als kleiner Junge war Shawn grausamem körperlichem Missbrauch sowie psychischer Folter ausgesetzt. Als er gerade einmal zehn Jahre alt war, vergewaltigte ihn ein alter Freund der Familie. Sein Peiniger drohte ihm an, seine Familie umzubringen, wenn er irgendwem davon erzählen würde. Nach mehreren Jahren immer schlimmer werdenden Missbrauchs suchte Shawn Schutz bei seinen Großeltern. Sie fanden schließlich heraus, was ihm angetan wurde, und schritten ein. Shawn musste sich aufgrund des Traumas und posttraumatischen Stresses einer umfassenden Therapie unterziehen. Zudem wurde eine paranoide Schizophrenie bei ihm diagnostiziert. Als er fünfzehn wurde, starb seine geliebte Großmutter. Shawn glitt tiefer in die psychische Erkrankung ab. Mit knapp 19 Jahren war er bereits Alkoholiker und hatte schon mehrere Einbrüche begangen. Die Spirale seines Absturzes setzte sich fort, bis er in der neuen Form der geschlossenen Anstalt landete – im Gefängnis. Für einen Jungen, der in der Wildnis von Montana aufgewachsen war und der nur in äußerst begrenztem Umfang mit sozialem Kontakt vertraut war, bedeutete im Gefängnis zu landen die Hölle.

Gefangene, die im Bundesstaat Washington erstmalig im Vollzugssystem landen, werden zuerst in der Empfangseinheit im Shelton Correctional Center einer Einstufung unterzogen. Shawn kam im Dezember 2000 dort an. Von Anfang an stellte er das perfekte Angriffsziel im Gefängnis dar. Er machte einen weichen, unschuldigen Eindruck und wog nur etwa 65 Kilo. Er sah jugendlich und attraktiv aus, hatte goldbraunes Haar und ein einnehmendes Wesen. All diese Eigenschaften stellen eine gefährliche Kombination für einen Gefangenen dar.

Die älteren Sträflinge und „Knastgladiatoren"* machten sich sofort an ihn ran. Shawn wurde häufig angegriffen, meistens aus sexuellen Motiven, aber manchmal auch einfach aus purem Hass. Bei einem dieser Angriffe wurde er bewusstlos geschlagen und in seinem eigenen Blut liegen gelassen, so übel verdroschen, dass das medizinische Personal zunächst davon ausging, dass er einen Hirnschaden davongetragen hätte. Ein anderes Mal wurde er von einer Gang in die Ecke getrieben, die ihn vergewaltigen wollte, konnte ihr aber noch irgendwie entkommen. Shawn versuchte, den Staat wegen der während seiner Haft erlittenen Misshandlungen zu verklagen, scheiterte aber damit, weil er nicht exakt den vorgeschriebenen Rechtsweg eingehalten hatte. Nach seiner Einstufung wurde Shawn in eine Vollzugsanstalt auf McNeil Island geschickt, ein ehemaliges Bundesgefängnis im Puget-Sound.

Bei der Inhaftierung wird einem kein Handbuch mit dem Titel „Wie man im Gefängnis (über)lebt" überreicht. Du hast keine andere Wahl, als auf gut Glück zu improvisieren. Manchmal verlierst du dabei und manchmal schaffst du es ohne Zwischenfälle durch den Tag. So ergeben sich zermürbende Tage voller Unwägbarkeiten. Diesmal bemühte sich Shawn zielgerichtet darum, Freundschaften zu schließen, um ein wenig Schutz zu genießen. Er kaufte anderen Gefangenen Essen und half denjenigen, die nicht lesen konnten. Solange er Leuten Gefallen tat oder Geld besaß, hatte er auch Freunde. Während die Monate schleppend

....

* Im amerikanischen Gefängnisjargon ist „gladiator" eine Bezeichnung für den Insassen eines Hochsicherheitstraktes.

153

vergingen, entwickelte er allmählich ein Gefühl dafür, mit wem er gefahrlos reden konnte und wem er besser aus dem Weg gehen sollte. Shawn lernte schnell, dass es im Gefängnisleben nicht bloß darum geht, die Zeit abzusitzen, sondern auch darum, was diese Zeit dort mit dir macht.

Allmählich stellte sich Shawn auf sein neues Umfeld ein und knüpfte Kontakte zu anderen Gefangenen. Einer der Ersten, mit denen er sich einließ, war Harold, der ihm die buddhistische Praxis nahebrachte. Obwohl das Leben im Gefängnis sich nicht verschlimmerte, blieb in Shawn immer noch eine Leere zurück, durch die er sich in einem ständigen Wandel befand, wobei er zwischen Angst, Trauer, Verzweiflung und Einsamkeit hin und her schwankte. Das Gefängnis, dem er so verzweifelt zu entrinnen hoffte, war das Gefängnis seiner psychischen Erkrankung.

Nach drei Jahren Leben in Gefahr teilte man Shawn mit, dass er ins *Airway Heights Correction Center* verlegt werden würde. Bevor Shawn dorthin aufbrach, sagte ihm Harold, dass er dort, wenn er Hilfe benötigte oder in ernste Schwierigkeiten geriete, einen seiner alten Freunde aufsuchen sollte. Harold schrieb ihm meinen Namen auf ein Stück Papier, das Shawn einsteckte, als er sich auf die Abfahrt vorbereitete. Nachdem er Jahre damit verbracht hatte, so viel emotionale Energie in den Versuch zu stecken, das eine Gefängnis zu überleben, war er nun auf dem Weg in ein anderes. Er brach nur widerstrebend auf. Immerhin war das hier ein vertrautes Übel. Die Schwere seiner Geisteskrankheit hatte im Lauf der letzten Jahre zugenommen, und er machte sich nur geringe Hoffnungen, dass sich im neuen Gefängnis etwas ändern würde. Die Vollzugsanstalt in Airway Heights beherbergt ungefähr 2.000 Insassen. Shawn kam Mitte der Woche dort an und wurde einer der drei Abteilungen mit der geringsten Sicherheitsstufe zugewiesen. Er versuchte zwar, mich ausfindig zu machen, erinnerte sich aber bloß an meinen Vornamen. Seine persönlichen Sachen, die auch meinen Namen und meine Adresse enthielten, befanden sich immer noch auf dem Postweg von McNeil Island. Als seine Habseligkeiten schließlich bei ihm eintrafen, war er bereits dabei, sich in seinem neuen Umfeld einzurichten, und es kam ihm überhaupt nicht mehr in den Sinn, mich aufzusuchen.

Kurz nachdem er 2003 bei uns angekommen war, wurden Shawn seine Weisheitszähne gezogen. Unter Schmerzen und dem Einfluss von Medikamenten kehrte er in seine Wohneinheit zurück und geriet mit einem Freund in Streit. Irgendwo hakte etwas bei ihm aus. Die ganzen aufgestauten Emotionen, die er unter Verschluss gehalten hatte, entluden sich in einem gleißenden Blitz, und er ging auf seinen Freund los. Am Ende hatte Shawn zwei blaue Augen und ein übel eingerissenes Ohr. Die beiden Kontrahenten wurden jeweils einige Tage lang in Einzelhaft gesteckt. Nach ihrer Entlassung wurde Shawn meiner Wohneinheit zugewiesen, während sein Freund wieder in seine alte Unterkunft zurückkehrte.

Mit den blauen Augen, den Schnittwunden und Blutergüssen im gesamten Gesicht sowie einem bandagierten Ohr konnte man Shawn einfach nicht übersehen. Bei einem der darauffolgenden Abendessen stand er direkt vor mir in der Ausgabeschlange. Als ich seine Kampfwunden bemerkte, sagte ich zu ihm, sein Gesicht sähe aus, als schmerzte es. Er reagierte mit einem reumütigen Lächeln.

Eine Woche nach jener kurzen Begegnung erwähnte Shawn, dass er dabei war, ein Buch über seine Erlebnisse im Gefängnis zu schreiben. Ich war sehr überrascht und teilte ihm mit, dass ich das Gleiche versuchte, allerdings aus buddhistischem Blickwinkel. Er erzählte mir sofort von seinem buddhistischen Freund Harold im Gefängnis auf McNeil Island. Natürlich erzählte ich Shawn, dass Harold ein alter Freund von mir war. In jenem Augenblick erinnerte ich mich daran, dass Harold mir vor einigen Monaten geschrieben und mich darum gebeten hatte, mich um einen seiner Freunde namens Shawn zu kümmern. Mittlerweile war so viel Zeit vergangen, dass ich es bis zu jenem Moment völlig vergessen hatte. Ich zeigte auf ihn und sagte: „Du bist also dieser Shawn, von dem Harold mir erzählt hat!" Shawn machte ein überraschtes Gesicht und sagte: „Dann bist du ja dieser Calvin, von dem Harold mir erzählt hat!"

Shawn ließ mich Auszüge aus seinem Buch lesen. Ich war von der hohen Qualität seines Schreibens völlig überwältigt. Während ich Geschichten über sein Leben sowohl innerhalb als auch außerhalb des Gefängnisses las, begann ich, ein besseres Verständnis dieser absolut einzigartigen Person zu entwickeln. Er hatte über die Jahre hinweg furchtbar viel durchgemacht, sich aber dennoch seinen unbeugsamen Geist bewahrt. Seine frische, warmherzige Sichtweise beeindruckte mich. Shawn wirkte viel zu unschuldig für jemanden, der schon jahrelang im Gefängnis steckte. Anfangs dachte ich, es läge vielleicht an den Drogen, doch ich begriff, dass es Leute gibt, die halt nicht so recht in die Rolle des knallharten Strafgefangenen passen. An Shawn war einfach nichts „Hartes". Aber auch nichts Schwaches.

Einen Monat später zog mein Zellengenosse um und wir reichten das erforderliche Antragsformular ein, um herauszufinden, ob sie Shawn bei mir einziehen lassen würden. Shawn stand eigentlich gar nicht zur Wahl, weil er ja in diese Auseinandersetzung geraten war, doch wir versuchten es trotzdem. Als ich von der Arbeit zurückkehrte, traf ich Shawn zu meiner Überraschung bereits in meiner Zelle beim Auspacken an. Wir waren beide heilfroh darüber, dass sich alles auf diese Weise ergeben hatte. Das war der Beginn einiger der besten Tage und Wochen meiner Gefängniserfahrung.

Ich habe das Glück, eine Handvoll Zellengenossen gehabt zu haben, mit denen man wunderbar zusammenleben konnte. Viele meiner ehemaligen Zellengenossen wurden schließlich gute Freunde, und sind es immer noch. Einige von ihnen schreiben mir immer noch nach all diesen Jahren. Doch Shawn war außergewöhnlich. In all seinen Gefängnisjahren hatte er nach einem sicheren, stabilen Ort gesucht, an dem er verweilen konnte. Das hier war genau, was er sich erträumt hatte. Im Gegenzug bekam ich nicht bloß einen tollen Zellengenossen, sondern einen wahren Freund, was hinter Gittern eine Seltenheit darstellt. Wir teilten Geschichten aus unserer Kindheit miteinander und sprachen über Politik und Religion. Für buddhistische Praxis interessierte er sich hinreichend, um an unseren wöchentlichen Treffen teilzunehmen. Wir kochten raffinierte Gefängnisgerichte und genossen die ruhige, friedliche Atmosphäre, die wir schufen.

Und wiederum lernte ich wichtige Lektionen zur rechten Anschauung. Viele Leute gingen Shawn aus dem Weg, als sie herausfanden, dass er ein paranoid Schizophrener war, der mit Depressionen und Zwangsstörungen zu kämpfen hatte. Bei alledem ist es allerdings auch verständlich, dass es schwierig sein kann, durch die Symptome hindurch die eigentliche Person wahrzunehmen. Einige Male war auch ich enttäuscht von ihm, wenn er selbst auf so etwas Einfaches wie einen morgendlichen Gruß keinerlei Reaktion zeigte. Ich ärgerte mich, wenn er dachte, jemand würde ihn beobachten, und niemand es tat. Ich ertappte mich selbst dabei, wie ich auf seine Geisteskrankheit reagierte, anstatt Shawn als Person mit den gleichen Wünschen und Bedürfnissen wahrzunehmen, die auch sonst jeder hat. Als diese Erkenntnis schließlich zu mir durchgedrungen war, begann ich den Grad meiner Toleranz und meines Verständnisses auszuweiten. Er reagierte umgehend. Je intakter seine Umgebung wurde, desto gesünder wurde auch er. Das schaffte eine angenehmere Wohnsituation, und im Zuge dessen wurden wir beide entspannter.

Shawn überraschte mich in vielerlei Hinsicht. Wenn ich nach einem langen Tag von der Arbeit kam, hielt er meine Duschsachen bereit oder hatte mir am Wechsel-Tag frische Bettwäsche mitgebracht. Es gab alle möglichen kleinen freundschaftlichen Gesten, mit denen er mich wissen ließ, dass er das schätzte, was ich für ihn tat. Das Leben im Gefängnis unterscheidet sich vom Leben draußen gar nicht so sehr. Wir alle wollen glücklich leben und uns sicher fühlen. Wir alle wünschen uns, dass sich jemand um uns kümmert, und wir alle wollen frei sein von ständiger Furcht. Ich kann mich nicht daran erinnern, wann ich es in meinem Leben jemals besser gehabt hätte. Klar, bestimmte Sachen besaß ich einfach nicht, und ich hatte auch keinen Zugang zu vielen Beschäftigungen, die einem freien Menschen zur Verfügung stehen, doch ich war zufrieden, und ich weiß, dass Shawn es ebenfalls war.

Im Gefängnis sollte man niemals zu selbstgefällig werden. Schlechtes Urteilsvermögen kann einen teuer zu stehen kommen. Eines Nachts schaltete ich, nachdem ich einen Film geschaut hatte, das Licht aus, um ins Bett zu gehen. Shawn wurde davon wach, aber nachdem er aufgestanden war, fühlte er sich matt und klagte über Migräne. Ich kenne mich ein wenig mit Akupressur aus und massierte ein Weilchen lang einige Druckpunkte auf seinem Kopf und um seine Augenhöhlen herum, und machte mich dann daran, ihm in sein Bett hoch zu helfen.

Zu jenem Zeitpunkt kam eine Beamtin vorbei und leuchtete mit ihrer Taschenlampe in den Raum. Sie sprang sofort neben die Tür und setzte einen Funkspruch ab. Bevor ich mich versah, stand dort ein weiterer Beamter und forderte mich auf, die Tür zu öffnen. Er wollte wissen, was los war. Ich sagte es ihm, und er erwiderte, dass wir das Licht anschalten und in unseren Betten bleiben müssten. Weitere Beamte trafen ein, und ich bekam langsam Angst, dass diese Angelegenheit nicht gut ausgehen würde. Sie holten mich aus der Zelle, legten mir Handschellen an und steckten mich in einen Haftraum, in dem ich etwa 30 Minuten herumsaß. Dann legten sie Shawn Handschellen an und führten ihn ins Büro ihres diensthabenden Vorgesetzten. Dort unterzogen sie ihn einem schonungslosen Verhör. Die Beamtin, die als Erste in die Zelle geschaut hatte, glaubte gesehen zu haben, dass ich Shawn angegriffen hätte. Mehr als sechs Beamte liefen auf und bestanden darauf, dass Shawn wegen des angeblichen Angriffs Anzeige gegen mich erstatten sollte. Shawn erklärte ihnen mehrfach, dass nichts dergleichen geschehen war und ich lediglich versucht hatte, ihm zu helfen. Schließlich gaben sie auf und brachten ihn zur medizinischen Untersuchung in die Klinik.

Sodann verhörten die Beamten mich, und ich teilte ihnen mit, dass ich gerade dabei gewesen war, Shawn in sein Etagenbett zu helfen, als das Licht der Taschenlampe in den Raum fiel. Shawn hatte ausgesagt, dass ich seinen Kopf massiert hätte. Die Beamten waren der Ansicht, dass sich die beiden Geschichten widersprächen, und auch ich wurde zur medizinischen Untersuchung in die

Klinik gebracht. Dort wurde zwar festgestellt, dass keinerlei Angriff stattgefunden hatte, aber weil bereits so ein riesiges Theater veranstaltet worden war und einige der anwesenden Beamten neu waren, kamen sie überein, dass wir beide zur Einzelhaft ins Loch sollten.

Ich hatte fast sieben Jahre lang in meiner Zelle gelebt. Der Ausblick auf die Berge und die einsame Tanne in der Nähe war zu einem vertrauten Freund geworden. Unabhängig vom weiteren Lauf der Dinge hatte ich die Zelle verloren – wenn du ins Loch gesteckt wirst, passiert das automatisch. Ich sollte bald feststellen, dass das bloß der Anfang war. Direkt am folgenden Tag ging ich zu meiner Anhörung und wurde dort des tätlichen Angriffs für schuldig befunden, allein auf Basis der Wahrnehmung eines Beamten, dass da „scheinbar ein Angriff stattgefunden hatte". Weil Shawn sich weigerte, zu lügen, und keine Anzeige erstatten wollte, wurde er – ausgerechnet er – ebenfalls für schuldig befunden, sich auf einen Kampf mit mir eingelassen zu haben. Wir verloren beide 20 Tage in Bezug auf eine mögliche vorzeitige Entlassung. Das bedeutete, dass wir über unseren frühesten Entlassungstermin hinaus weitere 20 Tage würden absitzen müssen. Außerdem verloren wir Haftpunkte, was zwar auf mich keine nennenswerten Auswirkungen hatte, doch Shawn, der ja bereits ein paar Monate davor in einen Kampf verwickelt war, wurde von minimaler Bewachung auf mittlere Bewachung zurückgestuft. Bei einem weiteren Verstoß würde er im geschlossenen Gewahrsam landen, wo jemand wie er nur eine äußerst geringe Chance hatte, an einem Stück zu überleben.

Während jener fünf Tage im Loch litt Shawn wesentlich mehr als ich. Er aß nicht, und jeden Tag musste ihn jemand von der psychiatrischen Abteilung besuchen. Soweit es mich betraf, verwandelte ich die ganze Angelegenheit in eine Art Retreat. Ich wusste, dass ich dort, wo ich war, eh nichts tun konnte. Alle Sorgen der ganzen Welt würden absolut nichts ändern. Dennoch spürte ich, dass ich kurz davor stand, aufzugeben, sobald ich darüber nachdachte, wie sehr all das Shawn verletzte. Ich musste mich darauf verlassen, dass meine Praxis mir Kraft geben würde.

Ich nutzte Methoden, die ich von Lehrern im Rahmen meiner jahrelangen buddhistischen Ausbildung gelernt hatte. Das hier war ein Test, der zeigen würde, ob der Geist der Täuschung mächtiger war als der Geist der Stille. Ich saß. Aus dem stillen Teich meines anfänglich entspannten Zustandes tauchten langsam Gedanken auf. Ich ließ sie aufsteigen. Sie fingen zu tanzen an, einer sprang zum anderen. In meinem Geist blitzten Bilder wie alte Dias aus einem vergessenen Urlaub auf. *Ich würde vielleicht meinen Job verlieren und dadurch auch die Fähigkeit, meiner Mutter, meinen Freunden und der buddhistischen Gemeinde zu helfen.* Stolz schleuderte einen dicken Stein in meinen stillen Teich. *Die Leute werden mich verspotten, und einige werden sich an meinem Niedergang weiden.* Anhaftung wirbelte das Wasser noch stärker auf. *Meine Habseligkeiten werden zusammengepackt und durcheinandergebracht werden und sogar verloren gehen.* Unbeständigkeit schlug weitere Wellen im stillen Teich. *Shawn und ich werden auf das bequeme Leben verzichten müssen, an das wir uns gewöhnt haben.* Dennoch konnte ich zu jenem Zeitpunkt gegen nichts von alledem etwas ausrichten. Schlimmer noch war, dass ich nichts tun konnte, um Shawn davor zu bewahren, der Verzweiflung zum Opfer zu fallen. Angst wühlte den stillen Teich auf. Ich saß und atmete tief. Ich saß und lächelte. Ich lächelte, weil ich hilflos war – und darin liegt eine gewisse Freiheit.

Nach einem Zeitraum, der mir wie ein oder zwei Minuten vorkam, wurde das Mittagessen gebracht. Ich hatte zwei Stunden lang meditiert! Ich aß achtsam mein Essen, schmeckte bewusst jeden einzelnen Bissen und hatte dabei Einsicht in den Ursprung all dessen auf meinem Teller. Ich machte meine „Apfelmeditation", diesmal jedoch mit einem Cracker und Suppe. Ich aß wenig, doch ich aß gut. Danach saß ich wieder. Dieses Mal bewegten sich in meinem Geist nur wenige Gedanken. Die Zeit bis zum Abendessen verging blitzschnell. Ich aß, duschte, kehrte zu meiner Meditation zurück und saß bis tief in die Nacht hinein. Als ich zu Bett ging, schlief ich sofort ein und schlief durch. Am nächsten Tag erwachte ich früh, begann wieder zu meditieren und zog das so die gesamten fünf Tage durch, die ich im Loch verbrachte. Als sie kamen, um mich freizulassen, bat ich sie darum, noch ein paar Stunden drinbleiben zu dürfen, um meine Meditation zu Ende zu führen. Die Beamten waren überrascht und sagten, so etwas hätten sie noch nie erlebt. Dann wurden sie wütend und sorgten dafür, dass ich pünktlich rauskam.

In unserer alten Wohneinheit lief ich Shawn über den Weg. Er sammelte gerade seine Sachen ein. Sie hatten ihn in die R-Einheit verlegt, die härter war und stärker überwacht wurde. Ich hatte mehr Punkte, also durfte ich in meiner alten Einheit bleiben. Als Shawn mich ansah, konnte ich erkennen, dass seine Welt aus den Angeln gehoben worden war. Er schien etwa zehn Kilo verloren zu haben. Er sah aus wie jemand, der unter Schock steht. Doch er brachte ein Lächeln zustande und sagte, dass er mich heute Abend bei der buddhistischen Praxis sehen würde. Es erschütterte mich, meinen Freund so am Boden zerstört zu sehen, während ich mich so großartig fühlte. Ich fühlte mich beinahe schuldig dafür, so glücklich zu sein. Irgendetwas hatte mich verändert im Loch. Ich war ein wenig ausgeglichener und mein Geist fühlte sich so ruhig an wie ein unbewegter Teich.

Bei der Praxis erzählten wir Lama Inge Sandvoss (die in den letzten 13 Jahren unsere Sponsorin war), was geschehen war. Ich nahm Shawn zur Seite und versicherte ihm, dass er keinerlei Schuld daran trug. Es waren nicht seine Kopfschmerzen, die uns diesen ganzen Ärger beschert hatten. Ich versicherte ihm, dass ich ihn nicht im Stich lassen würde, ganz egal, was passierte. Ich versuchte, ihm klarzumachen, dass das, was uns widerfuhr, unser Karma war, das, mit dem wir arbeiten mussten. Doch das, was wir daraus machten, würde unsere zukünftigen Umstände bestimmen. Wir mussten das Beste daraus machen und uns nicht in Hass oder Schuldzuweisungen ergehen. Die Beamtin, die die ursprünglichen Anschuldigungen erhoben hatte, brauchte ebenso sehr unser Mitgefühl und Verständnis wie wir selbst.

Als wir wieder in die Praxis-Sitzung zurückkehrten, beschloss Lama Inge, die wusste, dass Shawn tagelang nichts gegessen hatte, dass wir die Cracker und den Saft in unserem Schränkchen dazu verwenden würden, ein Nahrungsopfer darzubringen und eine *Tsog*-Zeremonie abzuhalten. Auf diese Weise hätten wir die Chance, Shawn mit etwas Essen zu versorgen. Die Sangha vereinigte sich zu seiner Unterstützung. Ich glaube, das war der Moment, in dem Shawn ernsthaft darüber nachzudenken begann, Buddhist zu werden.

Trotz seiner Geschichte des Missbrauchs und den vielen negativen Erfahrungen, die er im Gefängnis erdulden musste, gehört Shawn zu den freundlichsten, mitfühlendsten Menschen, die ich je getroffen habe. Ich schäme mich, wenn ich mich daran erinnere, wie ich Leuten wie ihm, die anders oder verstörend waren, aus dem Weg zu gehen pflegte. Ich hatte versucht, mich von jenen Leuten fernzuhalten, die psychische Probleme oder von längerem Drogenmissbrauch geprägte Vorgeschichten hatten. Sie trugen einfach zu viel Ballast mit sich herum. Nachdem ich Shawn kennengelernt hatte, wurde mir klar, dass ich mir andere Gelegenheiten hatte entgehen lassen und dass ich mir meine Güte und mein Mitgefühl nicht einfach nur für bestimmte Sorten von Menschen vorbehalten konnte.

Wenn wir uns die Zeit dafür nehmen, die Menschen um uns herum kennenzulernen, wird es einfacher, ihnen Mitgefühl und liebende Güte entgegenzubringen. Diejenigen, die im Gefängnis sitzen und anders zu sein scheinen, sind einfach nur Menschen, die die gleiche Güte brauchen, nach der sich auch jeder andere sehnt. Ganz egal, was sie getan haben, wer sie sind, wie sie aussehen oder was sie tun, sie wollen einfach nur glücklich sein, so wie wir alle.

Artischockenherz

Es überrascht schon sehr, was einige Leute als Erstes tun wollen, sobald sie aus dem Gefängnis entlassen werden. Für viele ist es vor allen Dingen eine Zigarette. Einige geben zu, auf Drogen aus zu sein. Andere sind völlig auf Sex fixiert oder darauf, ein Bier zu trinken. Viele wollen einfach nur ihre Familien wiedersehen. Doch die zweite Sache, die beinahe jeder erwähnt, ist Essen. Nach jahrelanger Gefängnisküche erliege auch ich gelegentlich den Fantasien von frischem Obst, einer guten Pizza oder meinem Leibgericht: ein Champignon-Käse-Omelett mit einer Tomatenscheibe darauf, dazu hausgemachte, in Butter geschmorte Bratkartoffeln und heiße Kekse auf einem Extrateller. Um meine geistige Gesundheit zu bewahren, gehe ich dem Kochsender im Fernsehen ebenso sehr aus dem Weg wie Wiederholungen der Serie „Ein Duke kommt selten allein".

Meine größten Sorgen bezüglich meiner Inhaftierung haben allerdings nur wenig mit Essen zu tun. Wenn ich die miese Qualität der medizinischen Betreuung in den meisten Vollzugsanstalten in Betracht ziehe sowie die zahlreichen Geschichten über fehlerhafte Verschreibungen, falsche Diagnosen und unsachgemäß durchgeführte Behandlungen von Gesundheitsdiensten, fürchte ich mich eher davor, krank zu werden, mich zu verletzen oder „drinnen" zu sterben. Im Laufe der Jahre habe ich Dutzende von Gedenkgottesdiensten für Männer besucht, die im Gefängnis gestorben sind.

Ein gutes Jahrzehnt lang hatte ich das Glück, mich guter Gesundheit zu erfreuen, und nur sehr wenige Verletzungen zu beklagen. All meine medizinisch relevanten Beschwerden waren eher geringfügig gewesen. Doch eines Tages riss diese Glückssträhne abrupt.

Auf unserer Ebene teilten sich etwa 40 Mann ein Gemeinschaftsbad. Wenn man reinkommt, befinden sich zur Rechten drei

Duschen mit Anstandstüren, die zwischen sich und dem Boden eine große Lücke lassen. Da der Wasserstrahl der Duschköpfe direkt auf die Türen gerichtet ist, fließt dieses Wasser immer unter den Türen durch. Genau davor befinden sich vier Waschbecken mit Seifenspendern, aus denen Flüssigseife tropft. Zur Linken befinden sich zwei Toiletten und zwei Urinale. Der Boden besteht aus kleinen, bräunlichen Keramikfliesen. Wenn man sich nicht vorsieht, rutscht man leicht auf den Fliesen aus – besonders, wenn das aus den Duschen kommende Wasser den Boden bedeckt und die Seife aus den Spendern ihn noch glitschiger macht. Das Wasser kannst du erst sehen, wenn du mittendrin stehst, und wenn du normal gehst und nicht aufpasst, ist ein Sturz eigentlich unausweichlich.

Vor ein paar Jahren kam ich eines Tages ins Bad und trat in die rutschige, nasse, seifige Mischung. Mein Fuß schnellte in die Höhe und ich fiel nach hinten über. Ich griff sofort nach dem Waschbeckenrand, um mein Gleichgewicht wiederzuerlangen. Das Waschbecken war nur leider seifenverschmiert, sodass meine Hand dort hineinglitt. Ich fiel währenddessen weiter nach hinten. Mein Handgelenk verfing sich unter dem Wasserhahn, und bevor ich es von dort losbekam, hörte ich ein reißendes Geräusch. Einen Augenblick danach spürte ich, wie ein weiß glühender, scharfer Schmerz durch meinen rechten Arm schoss.

Als ich aufstand und meinen Arm an meine Flanke presste, geschah etwas sehr Merkwürdiges. Schritt für Schritt stieg der Schmerz zu immer heftigeren Spitzen an, während ich mich gleichzeitig von meinem Körper losgelöst fühlte. Zuerst dachte ich, das läge am Schock, und war dankbar dafür. Dann wurde mir bewusst, dass ich tatsächlich an andere Menschen dachte und nicht an meinen Schmerz.

In meiner Vorstellung nahm ich den Platz menschlicher Wesen ein, die größere Verletzungen erlitten hatten als ich. Ich dachte an Nelson Mandela, seinen jahrelangen Schmerz und sein Leiden. Ich berührte den schrecklichen Kummer, den der Dalai Lama und die tibetische Bevölkerung seit einem halben Jahrhundert aushalten müssen. Ich konnte die Qual derjenigen fühlen, die in den Flüchtlingslagern Zentralafrikas vor sich hin leiden. Ich sah die unzähligen Menschen im Irak, auf allen Seiten des Konflikts, die furchtbare Verletzungen erlitten oder grausame Tode starben. Eine schwache Erinnerung an die Ruhe meines Vaters, als er sich vor Jahrzehnten seine Finger in unserer Autotür gequetscht hatte, kam an die Oberfläche. Dieser Gedanke überschnitt sich flüchtig mit Erinnerungen an die Männer, die in diesem Gefängnis an Krebs gelitten hatten und daran gestorben waren.

Mein Schmerz wurde zu einem Nadelstich aus Licht knapp außerhalb von mir, weniger bedeutend als zuvor. Ich konnte ihn zwar spüren und er lenkte mich etwas ab, doch er war keineswegs alles verzehrend. Irgendwie wurde er durch mein Bewusstsein für das Band, das mich mit dem Leiden zahlloser Wesen über Raum und Zeit hinweg verknüpfte, gelindert.

In tiefen Zügen atmete ich ein und aus. Da ich nicht von dem Schmerz, der mich noch in Reichweite umkreiste, verzehrt werden wollte, begann ich zu meditieren. In den folgenden Wochen meditierte ich mehr und konzentrierte mich aufmerksamer auf meinen Atem als zu jeder anderen Zeit in meinem Leben. Das Ergebnis war sowohl interessant als auch beruhigend. Der Schmerz schien mich dazu zu zwingen, alberne Gedanken abzulegen. Mein Geist wurde scharf und klar, wie fein geschnittenes Kristall. Ich fing an, den Schmerz gleichzusetzen mit ... einer Artischocke.

Eine Artischocke ist, ebenso wie die Distel, mit der sie verwandt ist, nicht sonderlich ansprechend. Doch wenn sie richtig zubereitet wird, locken ihre fleischigen Blattansätze und das tief in ihr verborgene Herz mit einer schmackhaften Belohnung. Als ich mich dem Herzen meines Schmerzes näherte, fühlte ich eine Art Verwandtschaft mit meiner geistigen Projektion einer Artischocke.

Dennoch musste ich mich der Tatsache stellen, dass ich eine Verletzung hatte, auch wenn ich den Schmerz für meine Praxis nutzte. In der törichten Hoffnung, dass es sich bloß um eine kleine Verletzung handeln würde, wartete ich einen Tag lang ab, bevor ich zugab, dass mit meinem Arm irgendetwas ernsthaft nicht stimmte. Mittlerweile war er mit interessant ineinander verlaufenden gelben, blauen, schwarzen und roten Schattierungen überzogen. Ich teilte den Beamten mit, was passiert war und dass ich Schmerzen hatte, aber der Schmerz noch auszuhalten wäre. Da es nicht als Notfall eingestuft wurde, bekam ich die Anweisung, einen Termin in der gefürchteten medizinischen Sprechstunde zu beantragen. Den Antrag reicht man auf einem Zettel ein, der gewöhnlich als „Kellerwechsel" bezeichnet wird und der deinen Namen, die Nummer der Anstalt, die Lage deiner Zelle und eine kurze Beschreibung deiner Beschwerden oder deines Anliegens enthält.

Eine Woche verging ohne jegliche Rückmeldung seitens der Klinik. Ich zeigte dem diensthabenden Vorgesetzten meiner Wohneinheit meinen Arm, der mittlerweile nicht mehr bloß bunt, sondern darüber hinaus auch noch angeschwollen war, und wurde am nächsten Tag in der Sprechstunde untersucht.

Meine Untersuchung bestand darin, eine Stunde lang rumzusitzen und zu warten. Dann schaute eine Schwester vorbei, die mich dazu anwies, auf einem Flur zu warten. Dort saß ich eine halbe Stunde lang, bis ein Röntgenexperte sich die Verletzung ansah und sagte, dass es womöglich kein Bruch, sondern höchstwahrscheinlich eine Verstauchung wäre. Ich wartete weitere anderthalb Stunden auf dem Flur, bevor ein vierköpfiges Team – ein Arzt, zwei Schwestern und ein Assistenzarzt – mich untersuchten. Nach ein paar Minuten sagten sie, es sähe aus, als hätte ich einen Bizepsabriss, und ich bräuchte eine MRT*, um diesen Verdacht zu bestätigen. Sie wiesen mich an, mich für den Transport in eine örtliche Klinik außerhalb der Anstalt zur Verfügung zu halten. Darüber musste ich grinsen – als ob ich sonst irgendwo hingekonnt hätte!

Zwei Wochen lang wartete ich darauf, für die MRT aufgerufen zu werden, doch nichts passierte. Schließlich drohte ich mit rechtlichen Schritten, um die für mich nötige medizinische Versorgung durchzusetzen, da ich mir Sorgen darum machte, dass

....
* Abkürzung für Magnetresonanztomografie.

166

mein Arm womöglich nicht ausreichend durchblutet wurde. Beinahe einen Monat nach der Verletzung wurde ich schließlich von einem Orthopäden untersucht. Er diagnostizierte die Verletzung sofort als Abriss der distalen Bizepssehne mit vollständigem Abriss des Knochenvorsprungs an der Speiche. Mit anderen Worten, ich hatte mir meinen Arm ernsthaft verletzt. Er ordnete ein sofortiges MRT an.

Um während der MRT den Schmerz beim Stillliegen in verschiedenen Positionen überhaupt ertragen zu können, machte ich Atemübungen. Ich stellte mir wieder eine Artischocke vor. Nach jeder vollständigen Runde tiefen Einatmens und Ausatmens rupfte ich im Geiste ein weiteres Blatt von der Artischocke ab. Als ich mich einmal ablenken ließ und damit aufhörte, überrollte mich der Schmerz wieder wie eine Flutwelle. Während mir Tränen über die Wangen liefen und sich Schweißtropfen auf meiner Stirn bildeten, überredete ich meinen Geist dazu, sich schnell wieder der zur Hälfte verzehrten Artischocke zuzuwenden, Blatt für Blatt bis zu ihrem Herzen, Atemzug für Atemzug für Herz und Verstand. Die Schmerzen ließen nach und verschwanden, wohin auch immer Schmerzen verschwinden mögen, wenn sie nicht um Aufmerksamkeit schreien.

Bereits am nächsten Tag lag ich einige Stunden auf dem Operationstisch und bekam Löcher in den Knochen meines Oberarms gebohrt, damit mein Bizeps wieder an der richtigen Stelle angenäht werden konnte. Zur gleichen Zeit wurden die Sehnen in meinem Unterarm wiederhergestellt.

Ich kann nicht einmal im Ansatz beschreiben, wie sehr mein Arm schmerzte, nachdem mir die Schmerzmittel ausgingen. Ich konnte nächtelang nicht schlafen, und war aufs Meditieren angewiesen, um meinen Geist zu beruhigen. Manchmal lag ich nachts in meinem Bett und stellte mir jene Artischocke vor, zupfte ihr die Blätter ab, bis ich zu ihrem Herzen vordrang. Mein Arm fühlte sich dann zwar noch sehr heiß an, war aber bis zu einer Stunde lang weitgehend schmerzfrei. Danach musste ich erneut mit der Meditation beginnen und meine geistige Artischocke heraufbeschwören.

Ich bat darum, zurück in die Klinik zu dürfen, und man sagte mir, dass jemand kommen würde, um mich wegen der Schmerzen zu untersuchen. Doch das geschah einfach nicht. Es dauerte fast drei Monate, bis mein Arm ausreichend verheilt war, um ihn wieder zu benutzen. Ich habe wirklich keine Ahnung, wie ich diese monatelangen Beschwerden hätte durchstehen können, wenn ich meine Praxis nicht gehabt hätte. Jahrelange Praxis ermöglichte es mir, mich auf so etwas Simples wie eine Artischocke zu konzentrieren, was mir in außerordentlichem Maße dabei half, mit der Intensität meiner Schmerzen fertig zu werden.

Ich weiß schon ganz genau, was ich tun werde, wenn ich aus dem Gefängnis entlassen werde. Als Erstes werde ich meine Mutter und meine Freunde umarmen. Und ich hoffe, dass wir danach alle zusammen essen gehen. Wenn ich Glück habe, wird irgendein Gericht mit Artischocken auf der Speisekarte stehen.

Metta

Vor einigen Jahren hatte ich mich mit einem Freund in der Bücherei des Zentrums für religiöse Aktivitäten verabredet. Er sollte in Kürze aus dem Gefängnis entlassen werden und verfügte über keinerlei Rücklagen oder Anlaufpunkte. Ich hatte eine Liste von Dingen, die er tun, und Orten, die er aufsuchen konnte, zusammengestellt und dafür gesorgt, dass ihm Hilfe zur Seite stehen würde, sobald er entlassen würde. Als wir uns hinsetzten, um miteinander zu reden, kam ein Insasse zu mir herüber und fing an, mich anzuschreien und mir alle nur erdenklichen Schimpfworte an den Kopf zu werfen. Er lief drohend vor mir auf und ab. Während er Obszönitäten ausstieß, sprühte mir sein Speichel ins Gesicht.

Alle, die sich im Raum befanden, waren schockiert. Es war kein Beamter in der Nähe. Die Situation spitzte sich zu, und er schien kurz vorm Explodieren zu stehen. Ich versuchte, mir ein Gefühl von Ruhe und Gelassenheit zu bewahren, und fragte ihn ruhig, ob wir uns zusammensetzen könnten. Doch das entschärfte seinen Ärger nicht im Geringsten und die Spannung stieg weiter an.

Doch das Merkwürdigste daran war nicht der grundlose Angriff, sondern meine Reaktion darauf. Ich bin kein kleiner Kerl, und ich kann mich durchaus verteidigen, wenn es nötig wird. Die meisten Leute hier wissen das. Doch statt so zu reagieren, wie die Situation es von mir zu verlangen schien, legte ich meine Hand lässig auf ein Bücherregal und hörte mir schweigend seine Schimpftirade an.

Während ich dort stand, spürte ich, wie mein Adrenalin ausgeschüttet wurde, als langsam und unkontrollierbar Wut in mir aufstieg. In dem Bemühen, ruhig zu bleiben und entspannt zu wirken, griff ich wahllos ins Bücherregal und zog ein Buch heraus. Als der tobende Mann sich einen Augenblick lang von mir abwandte, riskierte ich einen Blick auf das Buch. Ich war völlig schockiert darüber, zu sehen, dass es aus dem buddhistischen Regal stammte – von dem mir nicht einmal bewusst gewesen war, dass es sich in meiner Nähe befand. Unsere beiden Regale mit buddhistischen Büchern hatten sich bislang immer auf der anderen Seite des Raumes befunden – und noch mehr überraschte es mich, zu sehen, dass das Buch von Ajahn Sumedho den Titel *Mindfulness: The Path to the Deathless* trug.* In dem Versuch, weiterhin ruhig zu erscheinen, während der Mann sich immer näher am Rande des körperlichen Angriffs bewegte, schlug ich beiläufig das Buch auf und blickte auf folgende Kapitelüberschrift: Liebende Güte (Metta).

Obwohl der Kerl weiter um mich herumtobte, las ich gebannt:

Metta bedeutet, dass man seine Feinde liebt; wir müssen sie zwar nicht mögen, können sie aber dennoch lieben. Wir können Abstand nehmen von Rachsucht und unangenehmen Gedanken, von jeglichem Verlangen danach, sie zu verletzen oder auszulöschen ...

Ich versuchte, etwas davon genau in jenem Moment –inmitten der Flüche und des Gebrülls – umzusetzen. Ich war nicht mehr wütend oder angsterfüllt. Meine scheinbare Ruhe wurde allmählich echt. Ich lächelte den immer noch schreienden Mann an und ging zu der Person herüber, mit der ich verabredet war.

Und ebenso plötzlich, wie er losgebrochen war, endete der Vorfall. Der Mann wandte sich ab und ging. Ich bedauerte ihn und seine auf ihm lastende Angst. Ich setzte mich und sprach mit meinem Freund über seine Belange, während alle anderen uns bloß anstarrten. Ich weiß nicht, was wirklich geschehen war, vor allem mit mir, doch ich bin dankbar für jene Lektion. Manchmal ist Gefängnis auch irgendwie cool!

....
* Das Buch ist auf Deutsch nicht erhältlich, eine mögliche Übersetzung des Titels wäre *Achtsamkeit: Der Weg ins Todlose.*

Freiheit

Der Ton meines Gongs hallt durch die ruhigen Gefängnisflure. Es ist immer noch dunkel, mit einem leichten Anflug von Dämmerung. Langsam schwindet der Ton dahin, während ich mich auf den gefalteten Decken entspanne. Mein Magen knurrt und Gedanken ans Essen kommen auf. Ich lenke meine Konzentration auf meinen Atem und lächele meinem Altar zu. Mein Hintern juckt ein wenig und ich rutsche hin und her. Ich atme weiter. Ein Aufseher kommt vorbei und starrt mich etwa eine Minute lang an. Ich frage mich, was er denkt. Ich bin frustriert. Während ein Gedanke endet und der nächste beginnt, erhasche ich einen flüchtigen Ausblick auf das Verstehen, zu kurz, um vollends zu sehen. Mein Geist zieht weiter. Schließlich beruhigt mein Geist sich. Ich nehme die Uhr zur Kenntnis. Es sind 30 Minuten vergangen. Ich spreche ein Gebet und verbeuge mich. Wieder hallt der Ton meines Gongs durch die Gefängnisflure. Ich erhebe mich von meiner Meditation und schaue aus dem Fenster. Von diesem Fenster aus kann man eine große Kiefer sehen. Jahre zuvor, als ich zum ersten Mal durch diesen schmalen Glasschlitz lugte, war der einzige Baum, den ich deutlich sehen konnte, jene einsame Kiefer – tatsächlich konnte ich sogar bloß ihren Wipfel sehen. Ein Erdwall, der errichtet worden war, um das Gefängnis dem Blick der Öffentlichkeit zu entziehen, erlaubte lediglich den Blick auf einen Teil von etwas, das offenbar ein sehr großer Baum war.

Ich fühlte mich sofort mit diesem Baum verbunden. Er war von einem Blitzschlag verwundet worden, der den Wipfel sauber abrasiert hatte und den Baum aussehen ließ, als wäre er von einem irren Gärtner beschnitten worden. Der Baum hielt eine enorme Menge an Unterweisungen für mich bereit. Obwohl er so etwas wie eine Konstante in meinem Leben darstellt, hat er mich paradoxerweise etwas über die Vergänglichkeit des Lebens und die Dummheit des Anhaftens gelehrt.

Als die Jahre verstrichen, wurde der hohe Erdwall allmählich weggespült und der Baum wuchs und zeigte immer mehr Teile von sich. Irgendwann wuchs auch sein Wipfel nach; es kann sein, dass außer mir niemand mehr weiß, wie er davor aussah. Jeden Morgen betrachte ich den Sonnenaufgang und den Baum. Manchmal gibt es zwar kaum etwas, das man als Sonnenaufgang bezeichnen könnte, doch der Baum steht einfach immer dort ... und ist ein Baum.

An Tagen, an denen es mir schwerfiel zu sitzen, habe ich meine Praxis in dem Baum verankert. Das Habicht-Paar, das in ihm wohnt, hat mir vor Augen geführt, dass der Baum nicht etwas ist, das mir allein gehört, sondern etwas, das sich alle Wesen miteinander teilen und um das sie sich gemeinsam kümmern sollten. Je stärker der menschengemachte Wall weggespült wird, desto mehr Bäume zeigen sich, die der Kiefer auf ihrem Wachtposten Gesellschaft leisten.

Ich weiß, dass der Baum dort draußen auf dem felsigen, trockenen Feld nicht allein ist. Ich verspüre ein Gefühl von Gemeinschaft und Freiheit.

Gefährliche Begegnung

Vor vielen Jahren besuchte ich Neuschwanstein, das von König Ludwig II. in Deutschland erbaute Schloss. Ich spazierte mit meiner Tante unter anderem durch die nahegelegene bayrische Stadt Schwangau. Ein leichter Nieselregen verlieh der herrlichen alpinen Kulisse die Atmosphäre einer Wagner-Oper.

In ländlichen Gemeinden ist es normal, dass zwei Mal am Tag die Kühe durch die Stadt auf die Weiden und zurückgetrieben werden. An einer bestimmten Kreuzung wird sämtlicher Verkehr gestoppt, um den Kühen den Durchgang zu ermöglichen. Ich stand dort mit meiner Tante und einigen weiteren Leuten und sah den Kühen beim Überqueren der Straße zu, als eine Kuh in der engen Gasse stehen blieb und sich weigerte, die Hauptstraße zu überqueren. Ganz egal, was der Kuhhirt tat, nichts davon brachte die Kuh dazu, sich zu rühren. Die anderen Tiere kreuzten rasch mit klingelnden Glocken die Straße. Doch die einsame Andersdenkende folgte ihnen einfach nicht. Inzwischen staute sich zu beiden Seiten der Straße der Verkehr, während eine Menschenmenge die Szene beobachtete und darauf wartete, dass sich die Kuh in Bewegung setzen würde.

Plötzlich warf das sanftgesichtige Geschöpf seinen Kopf zur Seite und schaute mir direkt ins Gesicht. Es stand da und sah mir in die Augen! Als sich alle danach umschauten, was wohl das Interesse der Kuh geweckt hatte, kam ich mir in meinem dunkelblauen Pendleton-Hemd ziemlich auffällig vor. Einen Augenblick später begann die Kuh zuerst, auf mich zuzugehen und dann zu rennen. Ich schwöre es: Sie führte sich so auf, als wären wir Freunde, die sich lange Zeit aus den Augen verloren hatten – mit breitem Lächeln, strahlenden Augen und allem, was sonst noch dazugehört. Als sie näher kam, begann ich mir Sorgen zu machen, dass sie mich einfach niedertrampeln würde, wenn sie sich nicht bald bremste. Dennoch blieb ich reglos stehen und versuchte, angesichts einer anscheinend glücklichen Kuh, die mich begrüßen kam, nicht auszuflippen.

Erst einen knappen Meter vor mir zog die Kuh die Bremsen an und rutschte mit ihrer Nase bis auf etwa zwei Zentimeter an meine Brust heran, bevor sie zum Stehen kam. Während ich noch total erleichtert war, dass ich ein bizarres Ferienabenteuer überlebt hatte, streckte die Kuh, mir weiterhin in die Augen blickend, ihre lange graue Zunge raus und leckte mich vom Gürtel bis zum obersten Knopf meines Hemdes ab, wobei sie eine breite, schneckenartige Schleimspur hinterließ.

Auch heute noch bin ich fest davon überzeugt, dass sie mir zuzwinkerte, bevor sie die andere Seite der Gasse hinunter verschwand.

Einen Moment lang war ich völlig perplex, aber der Menge gefiel es. Sie alle lachten schallend und applaudierten, meine liebe Tante eingeschlossen. Als die Dinge sich wieder normalisierten, kamen Leute lächelnd an mir vorbei, klopften mir auf die Schulter und sagten, dieses Erlebnis hätte ihren Urlaub bereichert.

Wenn ich jetzt aus meiner buddhistischen Perspektive darüber nachdenke, frage ich mich, ob die Kuh die Reinkarnation eines meiner Freunde war, von dem ich mir ein Hemd geliehen hatte, das ich nie zurückgegeben habe.

Nun ja, wer weiß?

Loslassen

Vor nicht allzu langer Zeit wurde ich trotz jahrelanger Praxis unerwartet von einer Welle aus Hass und Ärger fortgespült. Eine Gruppe von Leuten hatte sich scheinbar wirklich Mühe gegeben, mir das Leben schwer zu machen, und ich fing an, mich Vorstellungen darüber hinzugeben, was ich ihnen zur Vergeltung antun könnte. Je mehr ich mir das im Geiste ausmalte, desto wütender wurde ich, bis mir klar wurde, dass ich von diesem geistigen Vorgang verzehrt wurde und dabei immer tiefer ins Negative abglitt. Es war spät, und ich hatte keinerlei Möglichkeit, spazieren zu gehen, zu joggen, Gewichte zu stemmen oder mich auch nur mit Freunden zu unterhalten. Ich war allein in meiner Zelle eingesperrt.

Ich faltete meine Decken zusammen und saß vor meinem Altar, wobei ich mich auf meinen Atem konzentrierte. Diese Handlung, dieses Abrücken von den wütenden Geschichten, die wir selbst uns im Geiste erzählen, und die beständige Rückkehr zur Praxis des Atmens, kann man als *Loslassen* bezeichnen. Es ist eine außergewöhnlich kraftvolle Praxis.

Loslassen ist deshalb schwer, weil es unsere natürliche Reaktion ist, an Dingen zu hängen. Wir lassen uns emotional so stark von ihnen besetzen, dass sogar der bloße Gedanke daran, sie loszulassen, verstörend wirkt. Loslassen ist in etwa so ähnlich, wie die Garage aufzuräumen. Es liegt Zeug darin, von dem du glaubst, du wolltest es behalten, doch sobald du es losgeworden bist, vergisst du, dass du es überhaupt hattest. Und nicht nur das, du wirst angesichts des Ergebnisses auch mit einem Gefühl der Erleichterung und Befriedigung erfüllt. Selbst bei der Meditation nehmen Leute Konzepte darüber aufs Kissen mit, was passieren sollte und was nicht. Doch wenn überhaupt, läuft es nur selten so, wie wir es erwarten, und Anhaftung an unsere Ideen führt bloß zu Unzufriedenheit.

Fließen zu lernen, mit was auch immer sich einem darbietet, ohne starr an einem festen Blickwinkel oder einer Idee festzuhalten, ermöglicht es uns, uns anderen auf eine völlig andere Weise zu öffnen.

Diese Erfahrung machte ich an einem Tag, an dem ein Mitgefangener an mich herantrat und mir mitteilte, dass er „mit Buddhismus nicht einverstanden" wäre. Ich fragte ihn, mit was genau er nicht einverstanden wäre: dem grenzenlosen Mitgefühl allen Wesen gegenüber, dem tiefem Verstehen oder der liebenden Güte. Er sagte, gegen all das hätte er nichts, doch „Menschen, die Gott nicht ehren, würden dem heiligen Geist schaden und stellten möglicherweise sogar eine Gefahr dar". Ich fragte ihn, ob er für mich beten wollte. Ein Lächeln erhellte sein Gesicht und er sagte, das täte er liebend gern. Wir senkten unsere Köpfe. Er betete laut, und danach beteten wir beide eine Minute lang leise. Danach strahlte er mich an, schüttelte mir die Hand und zog von dannen. In diesem Fall war es viel besser, zusammen zu beten, als über unsere verschiedenen Perspektiven zu diskutieren. Ich ließ mein Bedürfnis los, meine Praxis zu verteidigen, und als Reaktion darauf ließ er ebenfalls sein Bedürfnis los, mir beweisen zu müssen, dass er Recht hatte.

Loslassen hilft uns dabei, zu verstehen, dass Leid in vielerlei Formen daherkommt, und viele davon aus eigener Herstellung stammen. Ich habe einen Freund, der in dieser Hinsicht ein Genie ist. Er fragt mich im Gemeinschaftsbad mindestens zwei Mal die Woche, was ich von seinem Aussehen halte. Er ist selten damit zufrieden, wie er aussieht. Entweder hängt sein Ziegenbart schief oder seine Haare sind zu kurz oder zu lang. Eines Morgens kam mein Freund herein, während ich mir die Zähne putzte, schaute in den Spiegel neben mir und rief aus, wie sehr er es hasste, dass sich sein Haar auf eine bestimmte Art lockte. Ich fragte ihn genervt, ob er glücklich damit wäre, wenn seine Frisur perfekt säße, er dafür aber nur einen Arm hätte. Er schaute mich an, als ob ich bescheuert wäre, und sagte, das wäre er natürlich nicht. Ich blickte in den Spiegel und lächelte – und sagte zu seinem Spiegelbild, dass es eine Menge Leute ohne Gliedmaßen gäbe, die froh darüber wären, bloß seine Haarprobleme zu haben. Mein Freund schlug mir auf die Schulter und sagte lachend, ich würde ihn immer zum Nachdenken bringen. Am nächsten Tag fragte er mich, ob ich fände, dass er zu viele Sommersprossen hätte.

Ein Buddhist kann im Gefängnis nur dann eine stabile Praxis entwickeln, wenn er sein Denken und seinen Blickwinkel ändert. Eine Möglichkeit, das zu erreichen, ist es, persönliche Gefühle von Verletzung, Verrat, Verwirrung und Angst loszulassen und jede Person als potenziellen Lehrer anzusehen.

Die Wärter, die Hasserfüllten, die Rassisten, Leute, die du magst, Leute, die du nicht magst, Leute, die dich nicht mögen – sie alle haben dir etwas anzubieten, sie alle verfügen über die Fähigkeit, dich wertvolle Lektionen zu lehren, die deine Praxis bereichern können. Ich habe gesehen, dass ein Gefangener es mit ihrer Hilfe lernen kann, sich nicht unnötig mit Abneigung, Hass, Wut und anderen schädlichen emotionalen Gewohnheiten aufzuhalten. Er kann tiefe Einsicht erlangen und lernen, liebende Güte für sich selbst und für andere aufzubringen. Er kann lernen, loszulassen.

Frohe Feiertage

Am Morgen des Erntedankfests 1996 ging ein langer winterlicher Eissturm zu Ende. Der Boden war knöcheltief mit Schnee bedeckt. Die Luft war frisch und ließ einen spüren, dass in der Nase *tatsächlich* Haare sind. Es war jene Sorte Tag, an dem jeder Atemzug melancholische Gefühle und eine ordentliche Prise Nostalgie hervorruft. Erinnerungen an vergangene Erntedankfeste und an sorglose Herbsttage überfluteten die Sinne. Du weißt schon, die Sorte Tag, die dich an den Rand der Depression führt, aber zur selben Zeit dazu bringt, dich darüber zu freuen, am Leben zu sein.

Ein paar Stunden nach dem Frühstück beschloss ich, dass ein zügiger Spaziergang über das Anstaltsgelände dem Erntedankessen am Mittag ein wenig Würze verleihen würde. Ich packte mich warm in all meine Winterklamotten ein und machte mich dazu auf, über die Kruste des gefrorenen Schnees zu knirschen. Ab und an lief ich draußen einer weiteren tapferen Seele über den Weg, die zu den Klängen der Nostalgie tanzte. Mit einem fröhlichen „Guten Morgen!" unterbrach ich ihre privaten Gedanken. Meistens kam keine Antwort, doch ich bekam immerhin zwei Grunzer und ein Schnauben. Nachdem ich ein paar Meilen zurückgelegt hatte, fand ich mich neben dem Erholungsgebäude wieder und betrat es, ohne einen besonderen Grund dafür zu haben. Im Eingangsbereich des Erholungsgebäudes befindet sich eine Beamtenkabine an der hinteren Wand; wenn man reinkommt, ist sie das Erste, was man sieht.

An jenem Erntedanktag saß dort eine Beamtin in den späten Vierzigern oder frühen Fünfzigern. Sie blickte von ihrem Papierkram auf, funkelte mich zornig an, und sagte: „Sie sind aus der M-Einheit. Jetzt ist nicht die Ihnen zugewiesene Erholungszeit."

Eine Sekunde lang fühlte ich die Depression des Tages aufsteigen. Doch dann sah ich plötzlich mehr in ihr als nur eine gesichtslose Gefängniswärterin – sie könnte irgendjemandes Frau sein, vielleicht auch eine Mutter oder gar eine Großmutter, fern von ihrer Familie, allein und ebenso menschlich wie ich. Ich setzte ein breites Lächeln auf und sagte: „Entschuldigen Sie die Störung, aber man hat mir einen *Jolly Rancher** dafür bezahlt, Ihnen ein gesungenes Telegramm zu überbringen." Bevor sie darauf antworten konnte, sang ich: „Frohe Feiertage ...", und verstummte. Mit verwirrtem Gesichtsausdruck kratzte ich mir am Kopf und sagte: „Mehr weiß ich nicht, aber nächstes Jahr komme ich wieder und singe Ihnen die nächste Strophe vor."

Sie blinzelte zweimal und fing an zu lachen. Ohne ein weiteres Wort drehte ich mich um und ging in das gleißend kalte Sonnenlicht hinaus, das von dem schallenden Gelächter hinter mir erwärmt wurde.

....

*   Ein beliebtes Lutschbonbon der Firma *Hershey's*.

Wunder

Schon mal einen jener Tage gehabt? Alles, was du anfasst, geht kaputt, fällt um oder funktioniert nicht. Alles, was du sagst, klingt falsch oder wird missverstanden. So einen Tag, an dem selbst Freunde dir aus unerfindlichen Gründen aus dem Weg gehen und es einem wie der nächste logische Schritt in dieser Entwicklung vorkommt, in Depressionen zu verfallen. Ich habe dabei Folgendes festgestellt: Wenn ich durch das ganze Drama in meinem Leben hindurchschaue und ein wenig Raum dafür finden kann, über meine Launen und negativen Einstellungen zu lachen, ist es irgendwie so, als öffnete ich mich einem Wunder.

Eines Tages lief ich draußen herum. Es schneite ein wenig und die Gehwege waren von festgetretenem Schnee und Eis glatt und rutschig. Auf halbem Wege zur Gefängniskantine schnellt mein linker Fuß plötzlich einfach in die Luft. Als ich versuchte, mein Gewicht zu verlagern, um mich abzufangen, belastete ich meinen rechten Fuß übermäßig und stampfte auf wie ein Anker. Das funktionierte natürlich nicht sonderlich gut, weil sich meine Füße in die entgegengesetzte Richtung bewegten. Ich landete also platt auf dem Rücken, und sämtliche Luft wurde mir mit einem lauten Prusten aus den Lungen gedrückt. Die ernsthafte Persönlichkeit, die ich mir im Laufe der Jahre so sorgsam aufgebaut hatte, hatte auf dem Rücken im Schnee liegend keinerlei Überlebenschancen. Ich lachte über mein absurdes Selbstbild so heftig, dass es weh tat. Alle, die mich sahen, fingen ebenfalls an zu lachen und zu applaudieren. Als ich mich aus dem Schnee erhob, wurde ich mir – in mehr als einer Hinsicht! – der Bedeutung von Gleichgewicht in meinem Leben bewusst.

Ein paar Tage danach kam ein neuer Gefangener, mit dem ich bisher kaum gesprochen hatte, in unsere Wohneinheit spaziert, und sah mich dabei, wie ich noch etwas frische Abendluft schnappte, bevor ich ins Bett ging. Er ließ ein strahlendes Lächeln aufblitzen, als er das Gebäude betrat, und sagte: „Gute Nacht, Opa. Ich hoffe, Du erkältest Dich hier draußen nicht", und verschwand lachend nach drinnen.

Dieser Kommentar machte mich fassungslos. Meine erste Reaktion war ein entrüstetes Knurren darüber, dass man mich als „Opa" bezeichnet hatte. Dann wurde mir klar, dass ich im Vergleich zu ihm tatsächlich alt genug war, um ein Großvater zu sein! Doch noch wichtiger war, dass ich eine Atmosphäre geschaffen hatte, in der diejenigen in meiner Nähe sorglos sie selbst sein konnten. Dieser Gedanke machte mich wirklich glücklich, während ich die kalte Nachtluft einsog und dann meine alten Knochen ins Bett brachte.

Lächelnd genoss ich das Wunder der Zufriedenheit.

Manchmal denke ich, die Leute suchen nach Wundern einfach an den falschen Orten.

Unsere Gärten befreien

Das *Airway Heights Correction Center* ist ein grauer, farbloser, stinkender Ort, umgeben von einem Erdwall und Lautsprechern, die dich jeden Tag stundenlang wissen lassen, dass du im Gefängnis steckst. In Gefängnissen beschränken sich weiche Linien und kräftige Farben meistens auf graue und bräunliche Schattierungen. Doch in meinem Gefängnis gibt es eine Ausnahme. Irgendwer hat es kleinen Blumenbeeten gestattet, vor den Wohneinheiten und in der Nähe einiger der Beschäftigungsgebäude zu gedeihen. Um diese Beete kümmern sich Insassen, die dafür 35 Cent pro Stunde bekommen. Einigen Arbeitern macht die Gartenarbeit wirklich Spaß, anderen ist ausschließlich daran gelegen, ihre monatliche Vergütung zu kassieren.

Jedes Mal, wenn ich an diesen Inseln leuchtender Farbe vorbeikomme, werden meine Augen von der erfrischenden Schönheit der Blumen angezogen. Wenn ich einen Hauch des Duftes erhasche, den sie mir in der Hitze des Tages anbieten, kann ich nicht anders, als zu lächeln. Manchmal fühle ich mich schuldig dafür, glücklich zu sein, wenn ich die Schönheit und den Duft der Blumen in mich aufsauge. Es ist so, als wenn man eine Dollarnote einsteckt, die man auf einer menschenleeren Straße findet. Man weiß, dass sie jemandem gehört, der sie verloren hat, und doch staunt man über sein Glück. Neben der Sporthalle und den Programmgebäuden liegt ein recht großes Stück Boden von etwa zweieinhalb Metern Breite und zwölf Metern Länge. Vor etwa zehn Jahren unternahm jemand den ernsthaften Versuch, dieses Stück Land mit Blumen zu bepflanzen, doch seitdem wurde nicht die geringste Arbeit in das triste Beet investiert. Unkraut erwürgte jede Pflanze, die tapfer genug war, ihre Blüten zu zeigen. Jenes

Stück Boden stellte ein Paradebeispiel für die in unserem Gefängnis vorherrschende Atmosphäre dar.

Als gerade der Frühling in den Sommer überging, schlug mein Freund Shawn am Ende einer unserer wöchentlichen Meditationstreffen vor, uns doch freiwillig dafür zu melden, das vernachlässigte Beet von Löwenzahn und Disteln zu befreien. Ich war sofort dagegen. Ein paar Stunden jeden Morgen würden meine Zeit zum Schreiben und meine Zeit für den Hofgang beschneiden, und mir außerdem, zusätzlich zu meinem vollen Zeitplan, noch weitere Verpflichtungen aufbürden.

Allerdings ist Shawn zufällig eine außergewöhnlich hartnäckige Person, und er ließ nicht davon ab, die Vorteile der Gärtnerei aufzuzählen. Ganz egal, wie viele ablehnende Ausreden ich auch vorbrachte, er nahm nichts davon an. Er ließ es einfach nicht zu, dass ich mich darum herumdrückte. In dem Glauben, dass es ohnehin nicht mehr als ein bis zwei Wochen in Anspruch nehmen würde, lenkte ich schließlich ein. Irgendwie brachte er es fertig, die Beamten und das restliche Personal davon zu überzeugen, uns zu gestatten, jenes Stück Land zu jäten, und schon bald standen wir dort, mit dem Werkzeug in unseren Händen, und starrten auf einen Garten voller kraftstrotzendem Unkraut.

Indem wir am nördlichen Ende des Feldes begannen und uns nach Süden vorarbeiteten, nutzten wir den Schatten aus, den das Gebäude in den Morgenstunden warf. In der Nähe befindet sich das Bodybuilding Areal und während wir arbeiteten, ließen wir abfällige Kommentare von Mitgefangenen, deren Lebenszweck einzig dem Muskelaufbau gewidmet war, über uns ergehen.

Als wir anfangs einen riesigen Beutel mit ausgerupftem Unkraut nach dem anderen aus dem ersten Drittel des länglichen Beets wegschleppten, erschien uns das Projekt auf keinen Fall umsetzbar. Doch während wir mit schmutzigen Händen weiter Unkraut aus dem Boden zogen, geschah allmählich etwas Magisches. Je härter wir arbeiteten, desto mehr veränderte dieses Gartenprojekt unsere Denkweise. Ein Gefühl der Ruhe legte sich über uns, während wir im Dreck schufteten. Ausdauernde Pflanzen fingen an, unsere

Bemühungen mit erstaunlichen Farben zu belohnen. Quadratmeter für Quadratmeter verwandelten wir diesen kleinen Teil der Welt in etwas wirklich Wunderbares. Einige Pflanzen setzten wir um, andere beschnitten wir. Wir pflügten den Boden durch, bewässerten und düngten die Pflanzen. Wir schleppten Dutzende Säcke Unkraut davon.

Aus den zwei Wochen wurden zwei Monate. Wenn ich Pausen beim Jäten einlegte, fiel mir zum ersten Mal auf, dass die Beleidigungen verstummt waren. Stattdessen machten die Leute uns Komplimente für unsere Arbeit. Beim Gärtnern bekam ich nichts von den Lautsprechern mit und war mir auch nicht dessen bewusst, dass ich mich im Gefängnis befand. Mir wurde klar, dass ich das Gärtnern in meine Meditationspraxis mit einbezogen hatte. Ich atmete den Duft der Blumen, der Erde und der warmen Luft ein. Ich atmete Stress aus. Ich fühlte mich entspannt, und ich konnte sehen, dass auch Shawn sich so fühlte.

Schon bald traten bezahlte Arbeitskräfte auf den Plan und baten darum, mitmischen zu dürfen. Zu Anfang hatte ich das Gefühl, mein Territorium verteidigen zu müssen. Doch dann wurde mir klar, dass das eine weitere Lektion war, die der Garten anzubieten hatte. Ich wurde mir der negativen Kraft der Anhaftungen, des gierigen Zupackens und des Egos bewusster. Ich verspürte ein Gefühl tiefer Dankbarkeit.

Mit jedem Unkraut, das aus dem Boden gezogen wurde, wurde eine weitere Blume befreit – und langsam und allmählich auch wir.

Nachsatz

Die in diesem Buch porträtierten Gefangenen waren stolz darauf, dass ihre Geschichten erzählt wurden, und baten ausdrücklich um die Nennung ihrer richtigen Namen. Doch der Verleger bestand darauf, diese zu ändern. Es folgt eine Zusammenfassung dessen, wie es einigen von ihnen im Weiteren ergangen ist.

BEN (aus „Banane")
Ben wurde 2006 entlassen und kehrte in seine Heimat im mittleren Westen zurück. Er hat vor, sich mit Verwandten im Südwesten niederzulassen, und hofft darauf, sich eine Farm aufbauen zu können.

BRAD (aus „Suppe")
Brad blieb nach seiner Entlassung noch eine kurze Zeit mit mir in Kontakt, doch er verschwand kurz nach seinem Umzug in eine Großstadt in Washington.

BULLDOG
Bulldog schickte mir nach seiner Freilassung noch einige Jahre lang Postkarten und ließ mich wissen, dass er froh darüber war, wieder zurück daheim in Louisiana zu sein. Das Einzige, worüber er sich beschwerte, war die Hitze. Bulldog teilte mir mit. dass er sich jedes Jahr auf Weihnachten freut.

CASEY (aus „Der Heimat ein Stück näher")
Casey ist Anfang 2008 aus dem Gefängnis entlassen worden. Er plante ein Leben an der Nordküste Washingtons.

DERRICK

Derrick kehrt ständig ins Gefängnis zurück. Er leidet sehr. Es wird möglicherweise noch einige Jahre dauern, bis Derrick einsieht, dass es auch einen anderen Weg gibt, sein Leben zu leben.

HAROLD (aus „Beäugen")

Harold sitzt weiterhin im Gefängnis, ohne Aussicht auf eine vorzeitige Entlassung.

MUNNY

Munny wurde 1999 aus der Abschiebehaft entlassen. Er wohnte ein paar Jahre lang zusammen mit seiner Mutter in Portland in Oregon. Munny hat sein GED bekommen und zwischenzeitlich als Geschäftsführer eines kleinen Ladens gearbeitet.

NORMAN (aus „Den Weg einschlagen")

Norman wurde 1998 aus dem Gefängnis entlassen. Er arbeitete direkt danach erfolgreich mit Software-Unternehmen zusammen. Er hat in diversen buddhistischen Gruppen in der Gegend um Seattle herum praktiziert.

ROBERT (aus „Ärger")

Robert lebt in Seattle im Staat Washington. Seit seiner Entlassung im Jahre 2006 hat er mit all dem zu kämpfen, was der Staat Leuten abverlangt, denen vorzeitige Entlassung bewilligt wurde. Selbst mit einem Vollzeitjob bleibt ihm nach Zahlung der Bewährungsgebühren kaum genug Geld zum Essen übrig. Dennoch ist er dazu entschlossen, seine Bewährung um jeden Preis durchzuziehen.

RON (aus „Ätherisches Öl")

Ron wurde ungefähr 2001 aus dem Gefängnis entlassen. Er gründete eine Familie, bekam einen festen Job in einem Warenlager und nahm auch Kontakt zu seinem Sohn auf.

SHAWN

Shawn wurde im April 2007 entlassen. Er beteiligt sich aktiv in der buddhistischen Gemeinde in Spokane im Bundesstaat Washington und versucht bei der Entwicklung des Way-Home Project mitzuhelfen. Wegen des Traumas, das er im Gefängnis erlitten hatte, erhielt er behördliche Sozialleistungen, einschließlich Unterkunft und weiterer lebensnotwendiger Dinge. Shawn versucht unermüdlich, die Welt zu einem besseren Ort zu machen, und er hat die Gefängnis-Sangha nicht vergessen.

THAO (aus „Zen-Meister wider Willen")

Thao durchlebte nach seiner Entlassung eine schwere Zeit. Schließlich schaffte er es, seine Probleme mit der Einwanderungsbehörde zu regeln, und meldete sich für die Schule an. In Seattle, wo er sich niedergelassen hatte, besuchte er häufig den vietnamesischen Tempel. Mittlerweile hat Thao eine Familie und kommt gut zurecht.

DER MITGEFANGENE OHNE NAMEN (aus „Metta")

Der tobende Mann, der mir dabei half, mich mit Metta vertraut zu machen, kehrte oft ins Gefängnis zurück. Jedes Mal schien er stärker gealtert und tiefer in sein Leid verstrickt zu sein. 2004 starb er an einer Überdosis Drogen.

DAS WAY-HOME PROJECT

Um eine Verdopplung des Aufwands zu vermeiden, stellte das Projekt seine Hilfe für Gefangene ein, als das Paramita-Haus gegründet wurde. Anfang 2007 schloss das Paramita-Haus seine Türen, hauptsächlich wegen der großen Nachfrage nach seinen Diensten bei gleichzeitig sehr begrenzten Mitteln. Die Sangha aus Airway Heights bemüht sich nunmehr, das Way-Home Project wiederzubeleben, um den Mitgliedern der Sangha beim Übergang aus dem Gefängnis in die Gesellschaft zu helfen. Wir hoffen, damit ein Modell ins Leben zu rufen, das auch andere umsetzen können.

Anmerkung des Autors

Die Rechtsabteilung des Verlegers war der Ansicht, dass es eventuell zu Haftungsansprüchen führen könnte, wenn in den Geschichten über Mitgefangene deren echte Namen verwendet würden. Daher wurden zum Schutz aller Beteiligten sämtliche Namen von Gefangenen geändert. Ich war furchtbar enttäuscht darüber – schließlich hatten die Leute, über die ich schreibe, mir begeistert die Erlaubnis dazu gegeben, ihre echten Namen zu verwenden. Die Nachricht von der Namensänderung rief mir die wohlbekannte Redewendung „Shit happen's!" ins Gedächtnis. Obwohl sie durchaus der Wahrheit entspricht, handelt es sich um eine Redewendung, die ich immer als plump und gleichzeitig als eine Art faule Ausrede empfunden habe. Ich sage lieber: „Es regnet." Regen kann manchmal hilfreich sein, und manchmal eben auch nicht. Ich wollte die echten Namen als Tribut an all jene verwenden, die mit mir zusammen diese Erfahrung durchlebt und dabei gelacht und geweint haben, Erfolg hatten und gescheitert sind – und etwas daraus gelernt haben. Doch letzten Endes ist es wichtiger, dass diese Geschichten überhaupt erzählt werden, als dass es dabei nur nach mir geht.

Anhänge

I. Die vier edlen Wahrheiten

Buddhas Lehren sind einfach und jedem Menschen zugänglich. Buddha erkannte, dass menschliche Wesen am Leiden erkrankt waren, und ging wie ein Arzt vor, indem er die Krankheit diagnostizierte, ihre Ursachen ausfindig machte, feststellte, durch welches Mittel sie geheilt werden konnte, und die Behandlung vorschrieb, durch die der Patient wieder genesen würde.

Wenn jemand Halsschmerzen hat, diagnostiziert der Arzt vielleicht eine Halsentzündung. Deren Ursache ist eine Infektion mit Streptokokken, die durch Penicillin geheilt werden kann. Zur Behandlung nimmt der Patient zehn Tage lang drei Tabletten pro Tag. Der Buddha bezeichnete die Diagnose, die Ursache, das Heilmittel und die Behandlung als die vier edlen Wahrheiten. Sie sind deshalb edel, weil sie tiefer Weisheit entstammen und Respekt verdienen. Wie auch bei den anderen Lehren des Buddhas variiert die Formulierung der vier edlen Wahrheiten innerhalb der verschiedenen buddhistischen Schulen. Die zentrale Idee bleibt jedoch immer die Gleiche. Es wurden buchstäblich Tausende von Büchern über Buddhismus geschrieben. Vielleicht hast du zu diesen Büchern keinen Zugang, vielleicht aber auch unbeschränkten Zugang zu Hunderten davon. In gewisser Hinsicht macht das keinen Unterschied. Wenn du die vier edlen Wahrheiten verstehst, hast du die Grundlage. Gleichermaßen wüsstest du nicht, ob das, was man dir erzählt hat, der Wahrheit entspricht, wenn jemand dir sagt, dass es draußen regnet, aber du den Regen weder hören noch sehen kannst. Wenn du dann rausgehst und der Regen auf dich niederprasselt, würde dir vollkommen bewusst, dass es regnet, und du wüsstest selbst, dass diese Aussage wahr ist. Der einzige Weg, die Wahrheit des Buddhismus zu erkennen, ist es, sie selbst zu erfahren.

Die erste edle Wahrheit: Leiden

Alle Wesen leiden – das ist die Krankheit lebender Wesen. Wenn du einen großartigen Tag hast, ist das Wissen darum, dass er nicht ewig dauern wird, Leiden. Sich in unangenehmen Umständen zu befinden, ist Leiden. Nach etwas zu lechzen, ist Leiden. Von dem getrennt sein, was du magst, ist Leiden. Nicht zu bekommen, was du willst, ist Leiden. Schwierigkeiten und Enttäuschungen sind Leiden. Unstillbare unerfüllte Begierden sind Leiden. Und das größte Leiden liegt in der Vergänglichkeit, die in Geburt, Alter, Krankheit und Tod zum Ausdruck kommt. Im Leben leiden wir von dem Moment an, in dem wir geboren wurden. Wenn wir krank werden, geht es uns schlecht. Werden wir alt, haben wir Schmerzen und Wehwehchen, und unsere Kräfte lassen nach. Wir haben Angst vor dem Tod und trauern, wenn eine geliebte Person stirbt. Der Buddha stritt zwar nicht ab, dass es Glück im Leben gibt, doch er wies darauf hin, dass es nicht ewig anhält.

Uns alle eint, dass wir leidvolle Erfahrungen machen. Der erste Schritt dazu, sich vom Leiden zu befreien, ist, dies völlig zu verstehen. Solange die *Krankheit* nicht diagnostiziert wurde, lässt sich auch kein Heilmittel für sie finden.

Die zweite edle Wahrheit: Die Ursache des Leidens

Buddha sagte, dass die Krankheit der lebenden Wesen das Leiden ist. Er sagte weiter, dass die Ursache des Leidens unsere selbstsüchtigen, im Ego gründenden Begierden sind. Lüsternes Verlangen und Leidenschaft, die Begierde nach sexuellen Erfahrungen, die Dinge unbedingt so haben zu wollen, wie sie *uns* gefallen, das alles führt zu immensem Leiden. Wenn die Dinge nicht nach unseren Vorstellungen laufen, schlagen wir wütend um uns und fügen anderen damit Schmerzen zu. Die Menschen sind sich des Gesetzes von Ursache und Wirkung nicht bewusst und gieren nach der falschen Sorte Freuden. Sie handeln auf Arten, die ihren Körpern und ihrem Seelenfrieden schaden, und sie sind weder zufriedenzustellen noch können sie das Leben genießen. Das ist die *Ursache* der Krankheit des Leidens.

Die dritte edle Wahrheit: Die Beendigung des Leidens

Indem wir uns von Gier, Wut und Unwissenheit lösen, können wir das Leiden beenden. Das bedeutet, dazu bereit zu sein, unsere Ansichten zu ändern und auf natürlichere, moralischere und friedlichere Weise zu leben. Es ähnelt der Beendigung einer zerrütteten Beziehung. Erst nach dem Bruch stellen wir fest, wie schädlich sie schon die ganze Zeit über für uns war. Buddhisten nennen den Zustand der Beendigung allen Leidens wahren Segen, Frieden, Freude. Mithilfe von Buddhas Lehren kann jeder dieses Ziel in seinem Leben erreichen. Das ist das *Heilmittel* für die Krankheit des Leidens.

Die vierte edle Wahrheit:
Der achtfältige, vom Leiden wegführende Pfad

Der Weg aus dem Leiden heraus wird als der edle achtfältige Pfad bezeichnet. Es ist ein Pfad, der uns dabei hilft, unsere irreführenden Vorstellungen zu ändern und unsere Sicht der Welt zurechtzurücken. Er stellt die *Behandlung* dar, in der das Heilmittel für die Krankheit des Leidens, das durch selbstsüchtige Begierden verursacht wird, zur Anwendung kommt.

Der edle achtfältige Pfad

Das buddhistische Symbol für den edlen achtfältigen Pfad ist ein Rad mit acht Speichen, das als Dharma-Rad bezeichnet wird. Mit *Dharma* sind die Lehren des Buddhas gemeint. Die acht Speichen stehen für die acht Aspekte des edlen achtfältigen Pfades. Auf die gleiche Weise, wie jede einzelne Speiche nötig ist, damit das Rad rund läuft, müssen wir jedem einzelnen Schritt des Weges folgen.

Jedem dieser Schritte ist das Adjektiv „recht" vorangestellt. Dies liegt daran, dass Buddha zweierlei Arten von Absichten, Gedanken und Handlungen ausgemacht hat. Falsches Handeln wird von Begierden, Feindseligkeit und Schädlichkeit bestimmt. Es führt unausweichlich zu Schmerz und Leiden für einen selbst und für andere. Rechtes Handeln ist hilfreich und altruistisch, und führt zu einem Zuwachs an Weisheit und Mitgefühl.

Der achtfältige Pfad teilt sich in drei Abschnitte auf: Weisheit (die ersten beiden Schritte), Moral (der dritte, vierte und fünfte Schritt) und Konzentration (die letzten drei Schritte). I. Rechte Ansichten: Das bedeutet, die scheinhafte Natur des Ichs zu verstehen. Wenn wir unseren egozentrischen Blickwinkel loslassen, sehen wir die Welt auf völlig andere Weise, mit erleuchtetem Verständnis, Weisheit und Mitgefühl.

II. Rechtes Denken: Unsere Gedanken haben Einfluss auf unser Reden und unser Handeln. Selbst das bloße Nachdenken über Freundlichkeit und Mitgefühl hat auf uns selbst und andere kraftvolle Auswirkungen. Der Gedanke, der die Absicht dazu und das Streben danach hervorbringt, uns zu ändern, ist der erste Schritt dazu, Buddhismus zu praktizieren.

III. Rechte Rede: Unsere Rede spiegelt unsere Gedanken wider. Reden wir auf eine Weise, die zu Harmonie führt, so helfen wir anderen und fördern Frieden. Achtsam mit unseren Worten umzugehen, hält uns davon ab, Zwietracht zu säen.

IV. Rechtes Handeln: Unser Verhalten und Benehmen sollten im Einklang mit unserer Rede, unseren Gedanken und unseren Ansichten stehen. Mitfühlendes, selbstloses, geschicktes, moralisches Handeln lindert Leiden und hilft anderen.

V. Rechter Lebenserwerb: Das bedeutet, eine Tätigkeit auszuüben, die anderen keinen Schaden zufügt.

VI. Rechtes Bemühen: Wir sollten uns bemühen, den Dharma zu praktizieren und ein mitfühlendes und weises Leben zu führen.

VII. Rechte Achtsamkeit (Bewusstheit): Das bedeutet, uns unserer Gedanken, Worte und Taten bewusst zu sein und unser Leben sowie unseren Umgang mit anderen aufmerksam zu führen.

VIII. Rechte Konzentration: Damit sind Meditation, Ausrichtung und Bewusstheit gemeint. Alle Aspekte des achtfältigen Pfades entspringen aus rechter Konzentration.

II. Meditation

Es ist eine Herausforderung, im Gefängnis zu meditieren. Zuschlagende Tore, den ganzen Tag lang Durchsagen über Lautsprecher, durchdringende Schreie, willkürlich ausgeübte Gewalt, Zellengenossen und neugierige Wächter tragen nicht gerade dazu bei, Raum und Zeit für stille Selbstbeobachtung zu finden. Auch wenn es vielleicht so wirken mag, als ob ausschließlich Meditierende, die Vollkommenheit erlangt haben, sich über diese Hindernisse hinwegsetzen könnten, verhält es sich in Wirklichkeit so, dass Tausende von Leuten auf der ganzen Welt es gelernt haben, in Gefängnissen zu meditieren.

Es ist sogar so, dass buddhistische Praxis und Inhaftierung gerade wegen der Hindernisse und Herausforderungen eine ideale Kombination bilden. Im Gefängnis gibt es weniger alltägliche Ablenkungen und Versuchungen. Zeit für die Praxis steht im Übermaß zur Verfügung. Der Stress und der Druck im Gefängnis können einen lehren und sogar den Anstoß zu einer tiefgreifenden Veränderung geben. Doch vertue dich nicht – Buddhismus erfordert sorgsames Praktizieren. Menschen, die in ihrem Leben hochgesteckte Ziele erreichen, tun das nicht, indem sie die ganze Zeit vor dem Fernseher sitzen oder Karten spielen. Und Menschen, die ihr Leben verändern möchten, müssen sich auch wirklich mit Hingabe darum bemühen.

In dieser Gesellschaft sind wir darauf konditioniert, sofortige Lösungen zu erwarten, ohne uns großartig Gedanken darüber zu machen, dass unsere Schwächen und unsere Denkweise sich über die Dauer unseres gesamten Lebens hinweg herausgebildet haben und es jahrelange Praxis erfordern wird, sie zu ändern. Wenn Mitgefangene zum ersten Mal zur buddhistischen Praxis erscheinen, sind sie darüber beunruhigt, still sein zu müssen und nicht von einer Tätigkeit zur nächsten huschen zu können. Doch diejenigen, die immer und immer wieder kommen, ändern sich schließlich. Sie finden das, von dem andere behaupten, dass sie es sich über alles wünschen: Seelenfrieden und Glück.

Dieser Prozess kann langwierig und anstrengend sein, doch gleichzeitig lohnt er sich auch wirklich. Du kannst nicht zu einem großartigen Basketballspieler werden, indem du im Bett liegst und es dir vorstellst. Du musst raus auf den Platz und trainieren. Wenn du Muskeln aufbauen willst, musst du Eisen stemmen. Um den Geist zu beruhigen, deine Wut zu verringern, deine Konzentration zu steigern, bewusster zu werden und zu lernen, glücklich zu sein, musst du dir beim Üben von Meditation Mühe geben. Doch merke Dir, Meditation ist kein sportlicher Wettbewerb. Es ist besser, sich nicht für ein bestimmtes Ergebnis abzukämpfen. Setz dich einfach hin und atme. Das ist der erste Schritt.

Es gibt keine ausschließliche ideale Technik oder lediglich eine einzige Form der Meditationspraxis. Jeder Einzelne von uns geht Meditation aus einem anderen Blickwinkel an. Lege eine rote Rose auf den Tisch und jede Person wird etwas anderes sehen. Für eine Person steht die Rose vielleicht für den Garten, in dem sie gearbeitet hat. Bei einer anderen Person beschwört sie möglicherweise Erinnerungen an ihre Mutter herauf. Für eine weitere Person ist eine Rose vielleicht ein lästiges Gewächs mit Dornen. Jeder von uns hat seinen eigenen Blickwinkel auf jede Situation, und es existiert kein bestimmter Weg, der für jeden der Beste ist. Es gibt allerdings ein paar Hinweise, die einem dabei helfen können, Meditieren zu lernen.

Viele dieser Methoden wurden über Tausende von Jahren hinweg angewandt und sind altbewährt. Probiere es erst mal mit einer der alten Meditationstechniken, die von erleuchteten Meistern überliefert wurden, bevor du den Versuch unternimmst, deine eigene zu entwerfen. Aber falls du etwas gefunden haben solltest, das deinen Geist beruhigt und dir dabei hilft, zu entspannen, dann lass dich auf keinen Fall davon abhalten. Nachdem man eine Zeit lang alleine Meditation ausprobiert hat, ist es empfehlenswert, sich einen Lehrer zu suchen oder zumindest Meditationshandbücher zu lesen. Hilfe ist immer verfügbar. Hab keine Angst, darum zu bitten – Hilfe kürzt den Weg echt ab!

Anfangen

Tu, was du kannst, um ein Umfeld zu schaffen, das so weit wie möglich zur Entspannung beiträgt. Suche dir eine Tageszeit, zu der es möglichst wenig Ablenkungen gibt – sehr früh am Morgen und spät in der Nacht sind gute Zeiten. Versuche, jeden Tag zur gleichen Zeit zu praktizieren, nach Möglichkeit zwei Mal. Für Meditation gibt es keine vorgeschriebene Zeitspanne, aber den meisten Leuten fällt es am leichtesten, mit 10 bis 15 Minuten zu beginnen und sich langsam zu steigern. Im Allgemeinen empfiehlt es sich, nicht länger als 30 bis 40 Minuten am Stück bewegungslos zu sitzen.

Suche dir einen Platz, an dem es nicht zieht und es weder zu kalt noch zu heiß ist – obwohl Meditieren ehrlich gesagt eigentlich überall möglich ist. Ziehe locker sitzende Kleidung an. Wenn du kein Meditationskissen und keine Meditationsmatte hast, falte eine Decke zu einer gut gepolsterten Matte mit einem dickeren Ende zusammen. Setze dich auf das dicke Ende, den Po ein wenig vom Boden erhoben, mit gekreuzten Beinen in eine bequeme Position, dabei kann ein Bein vor oder über dem anderen liegen. Du solltest darauf achten, dass deine Knöchel durch die Decke abgepolstert werden, und versuchen, die Knie auf den Boden zu bekommen. Du kannst es auch mit einer knienden Haltung versuchen, indem du dich rittlings auf ein Kissen oder eine Decke setzt. Solltest du Probleme mit deinem Rücken oder deinen Knien haben oder einfach nicht dazu in der Lage sein, so auf dem Boden zu sitzen, kannst du auch auf einem Stuhl sitzen. Setze dich auf den vorderen Bereich der Sitzfläche, ohne mit deinem Rücken die Lehne zu berühren. Und merke dir: Es gibt keine Punkte für cooles Aussehen oder das Aushalten von Schmerzen – verknote dich also nicht grundlos zu einer Brezel!

Es kommt darauf an, mit geradem Rücken bequem zu sitzen, ohne die Haltung zu erzwingen. Mit fortschreitender Übung wird sich die Haltung ganz natürlich ergeben. Deine Schultern sollten sich auf gleicher Höhe befinden und nicht nach vorne fallen.

Entspanne deinen Mund, aber halte ihn geschlossen. Dein Kopf sollte aufgerichtet sein: die Nase in einer Linie mit dem Bauchnabel, deine Ohren in einer Linie mit deinen Schultern. Halte deine Augen leicht geschlossen und schaue in einem Winkel von 45 Grad nach unten. Versuche es zu vermeiden, deine Augen völlig zu schließen oder geradeaus zu starren. Obwohl einige Leute mit geschlossenen Augen meditieren, ist das nicht ideal, weil man dabei leicht einschlafen kann. Außerdem neigt der Geist eher dazu, umherzuschweifen, wenn die Augen geschlossen sind. Die Augen etwas geöffnet zu halten hilft dir dabei, deine Meditation ins tägliche Leben mitzunehmen.

Versuche, deinen Meditationsplatz so einladend wie möglich zu gestalten. Vielleicht möchtest du zum Beispiel ein Bild von Buddha, Jesus oder einer deiner Lieblingsgottheiten zur Inspiration vor dir aufstellen oder Naturfotos, eine Blume oder eine Frucht oder etwas anderes – oder auch gar nichts, wenn dir das lieber ist. Probiere ein wenig aus, damit du einen Weg findest, es bequem zu haben und dich nicht allzu leicht ablenken zu lassen. Wenn du das hinkriegst und dann auch noch ein sanftes Lächeln auf deinem Gesicht erscheinen lassen kannst, befindest du dich in einer der bestmöglichen Ausgangspositionen für Meditation.

Wenn du einmal die Haltung gefunden hast, die dir am besten gefällt, ist die Zeit gekommen, eine der effektiveren Methoden auszuprobieren, um den Geist zu beruhigen, das unablässige innere Geschnatter, dem wir alle ausgesetzt sind, zum Verstummen zu bringen und zu lernen, sich zu entspannen und zu meditieren. Es gibt unzählige effektive Methoden, zu meditieren, und vielleicht sind andere Methoden besser für dich geeignet, als die in diesem Buch. Suche dir einen Weg, deinen Geist so zu beruhigen, dass Meditation möglich wird. Behalte im Gedächtnis, dass die erste Stufe der Meditation ruhende Stille ist, frei von Aktivität. Fortgeschrittene Meditation ist Stille inmitten von Aktivität – doch das zu erreichen, kann jahrelanges Praktizieren erfordern.

Wenn du mit dem Meditieren fertig bist, lenke deine Aufmerksamkeit zurück auf deinen Atem, bevor du aufstehst und dich bewegst. Verbeuge dich danach vor deinem Altar, deinem Bild oder der Wand, oder verbeuge dich einfach, um deinen Rücken zu dehnen. Spüre in deinen Körper hinein, um sicherzugehen, dass deine Beine nicht eingeschlafen sind, während du gesessen hast. Erhebe dich langsam und achtsam, und achte darauf, wie friedlich du dich fühlst. In dieser mentalen Auszeit hast du es deinem Geist gestattet, gelassener und effektiver mit seiner Umgebung in Kontakt zu treten.

Versuche, nicht allzu viel darüber nachzudenken, was du fühlen oder erleben solltest. Versuche, deinen Geist nicht mit deinen Gedanken spielen zu lassen. Mach dir keine Sorgen darüber, was du tun wirst, nachdem du mit dem Praktizieren fertig bist. Die Zukunft ist so schnell gegenwärtig, dass du ohnehin keine Zeit hast, über sie nachzudenken. Entspanne dich einfach und experimentiere mit einer der folgenden Methoden.

Meditationsmethoden

Den Atem zählen

Wenn du zum ersten Mal meditierst, wirst du wahrscheinlich erleben, wie in deinem Bewusstsein viele Gedanken und Gefühle aufsteigen. Den Atem zu zählen, führt dich in die Übung der Meditation ein und hilft dir, einen Rhythmus zu finden. Diese alte Methode ist wahrscheinlich die geradlinigste, praktischste und effektivste Methode, um den Geist zu beruhigen und auszurichten. Gemeinhin wird sie in vielen Schulen der Meditation den Anfängern als erste Praxis gezeigt, doch sie wird ebenfalls von fortgeschrittenen Praktizierenden genutzt.

Lege die Hände entweder mit den Handflächen nach unten auf deine Knie, oder lege sie mit nach oben gedrehten Handflächen in den Schoß, wobei die linke Hand auf der Fläche der rechten ruht und die Daumen sich sanft berühren. Atme tief ein, und zähle beim Ausatmen *eins*. Versuche, dabei an nichts zu denken. Konzentriere dich stattdessen auf diesen einzelnen Atemzug. Dehne das Zählen bis zum völligen Ende des Atemzuges aus, während du dich weiterhin auf den Atem konzentrierst: *EINS*

Atme ein, und zähle beim Ausatmen *zwei*, wobei du wiederum das mentale Zählen über die gesamte Länge des Atemzuges hinweg ausdehnst. Wenn sich dein Geist währenddessen so aufführt wie ein Affe, der sich von Ast zu Ast schwingt, halte inne, lächle dem Affengeist zu, und fange wieder bei eins an.

Atme ein, atme aus, *EINS*. Atme ein, atme aus, *ZWEI*. Und dann zähl weiter.

Zu Anfang tun sich die meisten Leute schwer damit, über drei hinauszukommen. Versuche es. Es ist aber kein Wettbewerb! Sei nicht hart zu dir selbst. Versuche es einfach nur immer wieder. Deshalb nennt man es ja Übung oder Praxis. Irgendwann wirst du es bis vier oder fünf schaffen, bevor Gedanken aufkommen, die dich ablenken. Und dann kommst du bis acht oder neun, ohne an irgendwas zu denken, und dein Geist beglückwünscht dich dazu, dass du so weit gekommen bist, oder du fängst an, an dein Haustier zu denken, oder sonst irgendwas taucht plötzlich auf. Und das ist der Moment, an dem du innehältst, lächelst und von vorne anfängst. Versuche das immer wieder. Wie bei allem anderen auch, wirst du mit fortschreitender Übung besser darin werden. Während du erfahrener darin wirst, wird sich deine Wahrnehmung verfeinern. Du wirst weniger an Erwartungen gebunden und achtsamer sein. Mit der Zeit wirst du in der Lage sein, die falsche Identität des „Ichs" loszulassen, und dein Geist wird sich dem Universum in all seinen Möglichkeiten öffnen. Sitze still, geduldig und aufmerksam, bis jene Zeit kommt. Wenn Gedanken aufkommen, kämpfe nicht mit ihnen, schiebe sie bloß sanft beiseite. Atme Luft ein, atme Ruhe aus, und vergiss nicht, dem Wunder, das alldem innewohnt, zuzulächeln. Der Rest wird dann kommen, wenn du es gerade am wenigsten erwartest.

Komprimierte Praxis

Bei Anfängern ist es durchaus üblich, dass sie Schwierigkeiten damit haben, längere Zeitspannen ruhig zu sitzen. Sich 20 bis 40 Minuten unter dem Eindruck eines wirbelnden Geistes und schmerzender Gelenke hinzusetzen, kann so ziemlich auf jeden entmutigend wirken, umso mehr, wenn dir kein Lehrer mit Rat und Unterstützung zur Seite steht. Eine Lösung dafür ist es, zu lernen, in kleineren Abschnitten zu sitzen. Das ist so eine Art „komprimierte Praxis".

Probiere mal aus, fünf Minuten zu sitzen. Atme ein und konzentriere dich dabei auf die Luft, die durch deine Nasenlöcher einströmt. Atme so viel Luft aus, wie du kannst, und zähl das als *eins*. Mach bis zehn so weiter, erheb dich dann und streck dich achtsam. Steh einen Augenblick lang still und setz dich dann weitere fünf Minuten lang hin. Wenn während des Atemzählens Gedanken aufkommen, lass dich dadurch nicht frustrieren. Das ist bloß der alte Affengeist, der versucht, dir dazwischenzupfuschen. Wiederhole diese Praxis, so oft du magst, bis zu der Dauer von einer halben Stunde. Versuchst du das regelmäßig, so wirst du feststellen, dass du dazu in der Lage sein wirst, längere Zeitabschnitte mit weniger Anstrengung zu sitzen.

Achtsamkeit

Achtsamkeit lässt uns die Welt so sehen, wie sie ist, statt so, wie wir sie gerne hätten. Um Achtsamkeit zu üben, ist es nicht nötig, auf einem Kissen vor einem Altar zu sitzen. Jeder kann das tun – jederzeit und überall. Achtsam zu sein, erfordert, dass wir unsere Aufmerksamkeit darauf richten, was wir sagen, denken und tun. Je weiter wir diesen Prozess durchlaufen, desto bewusster werden wir uns vergangener Handlungen, die schädlich oder zumindest egoistisch waren. Achtsamkeit untersucht unsere Handlungen mikroskopisch genau, ohne verzerrende Illusionen. Sie löst unser idealisiertes Selbstbild auf und stellt uns völlig bloß.

Es ist Achtsamkeit, die es uns ermöglicht, uns von einer beschämenden Vergangenheit zu befreien, indem sie uns dazu befähigt, im gegenwärtigen Augenblick zu leben. Wenn wir das tun, sind wir uns unserer Handlungen stärker bewusst. Wir richten unsere Aufmerksamkeit genau auf das, was wir tun, sagen und sogar denken, und dadurch verbessern wir das, was mit uns in der Zukunft geschehen wird.

Wie üben wir Achtsamkeit? Mich achtsam aufs Rasieren vorbereitend atme ich ein, atme ich aus. Achtsam mein Gesicht einseifend atme ich ein, atme ich aus. Achtsam fange ich an, mich zu rasieren. Ich atme ein, ich atme aus. Ich schneide mich, ein Tropfen Blut erscheint. Wie leicht ich doch vergesse, achtsam zu sein. Achtsam wische ich mir das Blut von der Wange. Ich atme ein, ich atme aus.

WASSER-ERDE-MEDITATION

Diese Methode ist besonders effektiv für Personen, die eine visuelle Hilfe für den Meditationsprozess benötigen. Aber probier sie bloß nicht aus, wenn du dafür in Einzelhaft gesteckt oder verwarnt wirst!

Nimm ein kleines, leeres, durchsichtiges Plastikgefäß und füll es mit drei oder vier gehäuften Löffeln Erde. Füll dann das Gefäß mit Wasser auf. Wenn du bereit zum Meditieren bist, schüttle das Gefäß kräftig und stell es direkt vor dir hin. Lass deine Augen auf dem Behältnis ruhen und stell dir vor, dein Geist sei wie der Inhalt des Gefäßes: eine Masse aus wirbelnden Gedanken, Konzepten und Geplapper. Denk daran, tief, aber ungezwungen zu atmen. Behalte deine Augen auf dem Gefäß und beobachte, wie der Dreck sich nach unten absetzt. Während das Wasser klarer wird, wird auch dein Geist klarer werden. Wenn du wütend wirst, ist das, als wenn du dieses mit Erde und Wasser gefüllte Gefäß durchschüttelst. Dein Geist umwölkt und verwirrt sich. Wenn du ruhig sitzt und tief atmest, wird deine Wut sich langsam legen wie die im Wasser zu Boden sinkenden Erdpartikel. Probier das mindestens zwei Mal hintereinander aus. Denk daran, dass es bei feinkörniger Erde ein Weilchen dauern kann, bis sie sich absetzt. Aber das ist in Ordnung. Zeit ist schließlich das Einzige, was Gefangenen im Überfluss zur Verfügung steht.

Klangmeditation

Mach es dir bequem und setz dich in deiner bevorzugten Haltung hin. Wenn du eine Wanduhr hast, konzentriere dich auf das Ticken der Uhr. Vier oder fünf Ticks für das Einatmen, drei oder vier Ticks für das Ausatmen. Jedes Mal, wenn Gedanken in deinen Geist eindringen, halte inne, lächle dem Gedanken zu, und beginne von Neuem. Es werden keine Medaillen vergeben, niemand kritisiert dich, kein Punktrichter bewertet dich. Nur du und die Uhr. Du kannst auch andere Geräusche nutzen. Wenn laut ein Tor zuschlägt, unterbrich deine momentane Tätigkeit, und nutz das, was sonst ein nervtötendes Geräusch sein könnte, als eine Erinnerung an das Üben von Achtsamkeit, indem du einatmest und lächelst. Danke dem Geräusch dafür, dass es dich entschleunigt und dir erlaubt hat, gegenwärtig und aufmerksam zu sein. Atme nun ein paar Sekunden lang tief ein und dann aus. Versuche, nicht an die Tätigkeit oder die Aufgabe zu denken, mit der du gerade beschäftigt warst. Gestatte dir, präsent zu sein.

Indem du solche Übungen mit Klängen absolvierst, änderst du dein Denken und deine Einstellung in Bezug auf Dinge, die du als negativ empfindest. Laute Geräusche sind ein Teil des Gefängnislebens. Wenn du sie dazu bringen kannst, für dich zu arbeiten, befindest du dich schon auf dem Weg zur Entwicklung einer starken Meditationspraxis.

Kieselmeditation

Oft kommen Leute mit Depressionen oder Aufmerksamkeitsdefizit-Hyperaktivitätsstörungen (ADS) ins Gefängnis. Für sie ist es so schwierig, ihren Geist zu beruhigen, dass sie alle Versuche aufgeben oder gar nicht erst damit anfangen. Für solche Leute kann es eine ebenso große Herausforderung darstellen, still zu sitzen, wie mit den Problemen umzugehen, bei deren Lösung Meditation hilft. Wenn du das Gefühl hast, dass diese Beschreibung auf dich zutrifft, könnte das folgende kleine Hilfsmittel zur Beruhigung des Geistes dir vielleicht von Nutzen sein.

Sammle zehn Kieselsteine oder zehn andere kleine Gegenstände. Suche dir einen bequemen Platz zum Sitzen. Vielleicht kannst du die Zelle dazu benutzen, wenn alle anderen gerade anderswo sind oder schlafen. Platzier die Kiesel in Armlängenentfernung vor dir. Setz dich aufrecht hin, atme drei Mal tief ein und aus. Beug dich anschließend langsam und achtsam vor, atme ein und nimm einen Kiesel auf. Sitze nun wieder aufrecht, während du ausatmest und den Kiesel neben dir ablegst. Wiederhol diesen Ablauf, bis sämtliche Kiesel neben dir versammelt sind. Nimm dann einen der Kiesel auf, atme ein und lege ihn in der Entfernung einer Armlänge vor dir ab. Wiederhol das, bis sämtliche Kiesel sich wieder auf ihrer Ausgangsposition befinden. Setz dich aufrecht hin. Atme drei Mal tief und lächle deiner Praxis zu. Beobachte, wie du dich fühlst. Mach das täglich ungefähr zur gleichen Zeit zwei bis drei Wochen lang.

Wenn du das Gefühl hast, dazu bereit zu sein, probier eine der anderen hier erwähnten Übungen aus oder irgendeine andere Meditationstechnik, die du kennst. Du wirst feststellen, dass dein Körper und Geist gut darauf ansprechen, entspannter und ruhiger zu sein.

Gehmeditation

Die meisten Gefangenen gehen jeden Tag. Ob sie nun zur Kantine, zur ärztlichen Sprechstunde, zur Bücherei, zur Arbeit oder über den Hof gehen, hierbei bietet sich immer die Gelegenheit, zu praktizieren.

Du kannst nicht normal gehen und dabei jeden einzelnen Schritt mit einem Atemzug abgleichen. Das wäre für Gefängnisbeamte einfach zu langsam. Versuch stattdessen, beim Ein- und Ausatmen jeweils drei Schritte zu machen. Oder richte einfach deine Aufmerksamkeit auf deine Füße und den Vorgang des Gehens. Sei aufmerksam, während du bei jedem Schritt deine Beine bewegst. Wenn du einen Gesang kennst oder ein Lieblingsmantra hast, könntest du das benutzen, während du im Hof spazieren gehst. Mit etwas Übung wirst du herausfinden, wie viele Schritte dafür nötig sind, einen bestimmten Gesang zu beenden. Wenn du das jeden Tag machst, wirst du feststellen, dass es eine bestimmte Anzahl von Gesängen gibt, die du bei einer Umrundung des Hofes rezitieren kannst. Du kannst das Gleiche in deiner Zelle machen. Du kannst aber auch langsam durch deine Zelle gehen und deinen Schritt mit jedem Atemzug abgleichen.

Du musst atmen, um am Leben zu bleiben, und die meisten Menschen müssen gehen, um von einem Ort zum anderen zu gelangen. Diese Notwendigkeiten kannst du genauso gut dazu nutzen, deine Praxis zu vertiefen. Sei erfinderisch. Versuche Wege, Klänge, Lichter oder sogar den Raum der Zelle in deine Praxis mit einzubeziehen. In den meisten Gefängnissen müssen die Beamten die Gefangenen mindestens drei Mal täglich zählen. In der Regel geschieht das zu festen Zeiten. Beginne mit deiner Praxis jedes

Mal 15 bis 30 Minuten, bevor die Beamten zur Zählung aufrufen. Benutze das Ausrufen der Zählung als Gong zum Ende der Praxis. Probiere einfach aus, was am besten für dich geeignet ist.

Teemeditation

Der simple Akt des Teezubereitens kann eine tiefgehende Meditationspraxis darstellen. Den ganzen Tag lang entscheiden wir uns für das Erledigen der einen oder anderen Aufgabe, ohne allzu viele Gedanken darauf zu verwenden, was wir tun. Wenn du irgendwas tust, tu es voll und ganz. Wenn du Tee machen möchtest, versuche es mal mit achtsamer Teezubereitung. Nimm einen Lappen oder ein Papiertuch und lege es auf den Tisch oder den Boden. Stelle deine gesamten Teeutensilien darauf. Erhitze das Wasser und gehe dabei achtsam mit der Herkunft und dem Wunder des Wassers um. Setze dich mit dem heißen Wasser und den Teeutensilien hin und lasse deinen Tee achtsam ziehen. Denke über die Menschen nach, die die Teeblätter ernten, und daran, wie sie zu dir gekommen sind. Lächle dem Regen zu, der den Boden feucht gehalten hat, und den Händlern, die dir den Tee verkauft haben. Wenn du dazu in der Lage wärst, an alles zu denken, was mit deinem Tee in Verbindung steht, würde das ewig dauern, da der Tee alles im Universum enthält. Nachdem du der achtsamen Teezubereitung eine angemessene Zeit gewidmet hast, beginne achtsam Tee zu trinken. Nippe langsam deinen Tee und schmecke dabei das Universum.

Lächelpraxis

Lächeln ist eine einfache Praxis und ergibt sich bei Menschen in der Regel auf natürliche Weise von selbst. Im Gefängnis ist Lächeln allerdings Mangelware, weshalb Lächeln im Gefängnis eine Praxis darstellt, die etwas Übung erfordert. Es ist wesentlich einfacher, grimmige Blicke einzustecken und auszuteilen, als zu lächeln. Die sicherste Methode, Tendenzen zum grimmig Dreinschauen umzukehren, ist es, achtsam jenen erstarrten Leuten zuzulächeln, die selbst selten bis nie lächeln. Gehe von dort aus dazu über, dem

Morgen, dem Essen, den Leuten in deiner Nähe und allen möglichen Situationen zuzulächeln. Ziehst du das einen ganzen Tag lang durch, werden zwei Dinge geschehen: dein Gesicht wird dir von der ungewohnten Anstrengung wehtun, und du wirst friedlich schlafen.

Wenn du nicht eh schon die meiste Zeit über lächelst, und erst daran denken musst, zu lächeln, bevor du es tust, ist die Lächelpraxis ein toller Weg, mit dem Meditieren anzufangen.

Da mehr Muskeln daran beteiligt sind, ein grimmiges Gesicht zu ziehen, als daran, ein Lächeln zu formen, ergibt Lächeln Sinn.

Lächelpraxis ist ein herrlicher Weg, einen angenehmen Grundton für den gesamten Tag zu setzen, und sie hilft außerdem dabei, Blockaden zu lösen und Hindernisse aus dem Weg zu räumen.

Wenn du aufwachst, lächle erst einmal, bevor du irgendetwas anderes tust. Wenn du auf die Toilette gehst, lächle beim Pinkeln. Lächle deinem Spiegelbild zu und lächle, während du dir die Haare kämmst und das Gesicht wäschst – kein breites, aufgesetztes Grinsen, sondern ein sanftes Lächeln, das deine Augen leuchten lässt. Lächle allem „Ersten" deines Tages zu. Wenn du zum ersten Mal zur Tür hinausgehst, deine erste Mahlzeit einnimmst, deinem Boss und deinen Mitarbeitern zum ersten Mal begegnest.

Lächle dem Stacheldraht zu, lächle den Beton an. Im Schein deines aufrichtigen Lächelns wird sich alles verwandeln. Schenke deinem Freund oder deiner Freundin ein warmes Lächeln, er oder sie braucht es. Schenke der Person, die du nicht leiden kannst, ein warmes Lächeln, sie braucht es ebenso sehr. Wenn du dich am Ende des Tages ins Bett legst, lächle deinen Träumen zu, und dir wird zweifellos klar werden, dass dein lächelnder Tag einfach herrlich war.

Liebende-Güte-Meditation

Im Gefängnis sind eine Menge ungezügelter Emotionen im Umlauf, sowohl innerlich als auch im Äußeren. Wenn du achtsamer wirst, wirst du dir dieser Emotionen bewusst werden, allmählich verstehen, woher sie kommen, und erkennen, welche davor hilfreich sind und welche nicht. Indem du das tust, wirst du dich besser unter Kontrolle haben und deinen Gefühlen nicht mehr ausgeliefert sein. Eine Methode, zu dieser Bewusstheit zu gelangen, ist die Praxis der Liebende-Güte-Meditation.

Setz dich bequem an einem ruhigen Ort hin. Falls du einen zur Hand hast, stell einen Spiegel vor dich hin, sodass du dein Gesicht sehen kannst. Atme drei Mal tief ein und aus. Denk an die Person im Spiegel, die einst ein Baby war. Bring jenem Baby liebevolle Gedanken entgegen, indem du zu ihm sagst: „Mögest du glücklich sein. Mögest du wohlauf sein. Mögest du frei von Leid sein. Mögest du Frieden finden." Stell dir das Gesicht im Spiegel als ein Kind vor, das Fahrradfahren lernt. Bring jenem Kind liebende Güte entgegen. Betrachte das Gesicht im Spiegel als einen Heranwachsenden, der erste Zeichen von Unabhängigkeit zeigt. Bring jenem Halbwüchsigen liebende Güte entgegen. Stell dir das Gesicht im Spiegel als Teenager vor, der die Oberstufe besucht. Bring ihm liebende Güte entgegen. Fahre damit fort, bis du bei deinem jetzigen Alter angelangt bist. Sag zu dir selbst: „Möge ich glücklich sein. Möge ich wohlauf sein. Möge ich frei von Leid sein. Möge ich von Frieden und Liebe erfüllt sein."

Schau dir dein jetziges Gesicht an und vergib dir alle begangenen Verfehlungen. Bring dir selbst liebende Güte entgegen. Atme tief ein und aus. Lächle. Dann denk an diejenigen Personen, die du am meisten liebst. Bring ihnen deine Fürsorge entgegen und biete ihnen liebende Güte dar. Denk an die Freunde, die du hast, und tue dasselbe für sie. Atme tief ein und aus, während du das tust. Denk an Leute, die du nicht gut kennst. Biete ihnen freundliche Gedanken dar. Denk an all jene, die du nicht magst. Vergib ihnen ihre Handlungen und biete ihnen Gedanken voll liebender Güte dar. Denk als Letztes an deine größten Feinde, die dir großen Schaden zugefügt haben. Atme tief, lächle und biete ihnen dieselbe liebende Güte dar, die du jenen dargeboten hast, die du am meisten liebst. Lächle dem Spiegel zu und sprich: „Mögen alle Wesen glücklich sein. Mögen alle Wesen wohlauf sein. Mögen alle Wesen frei von Leid sein. Mögen alle Wesen Frieden finden."

Abschließende Gedanken zur Meditation

Unser Geist ist von dem Moment an, an dem wir morgens aufwachen, bis zu demjenigen, an dem wir abends einschlafen, beschäftigt. Wir verbringen den gesamten Tag damit, Gedanken nachzujagen. Bei der Meditation lernen wir, unsere Aufmerksamkeit auf das zu richten, was sich in unserem Geist befindet. Irgendwann fällt uns schließlich auf, dass nicht ein Gedanke in den nächsten überfließt wie Wasser in einem Fluss. Ein Gedanke endet und der nächste beginnt und dazwischen liegt ein Sekundenbruchteil Stille. Meditation kann die Dauer jener Augenblicke verlängern und es unserem Geist erlauben, sich auszuruhen. Es werden immer Momente auftauchen, in denen du Gedanken oder geistige Formationen haben wirst, die dich ablenken. Versuche, sie als das zu erkennen, was sie sind, und ignoriere sie sanft, ohne mit einem besonderen Gedanken zu spielen. Lenke deine Aufmerksamkeit auf die Stille deines ruhigen Geistes zurück und fahre mit deiner Praxis fort.

Täglich zu praktizieren, erfordert Ruhe, Geduld und ein gewisses Maß an Zuversicht. Die Veränderungen, die wir anstreben, sind so subtil und vollziehen sich so langsam, dass unser Fortschritt kaum wahrnehmbar sein kann. Mach dir keine Vorwürfe, wenn du die Veränderungen, die in deinem Inneren vor sich gehen, nicht wahrnimmst. Sei dir dessen bewusst, dass deine Praxis ein Beweis dafür ist, dass du den Mut dazu hast, dich auf die anstrengendste, aber auch lohnendste Unternehmung deines Lebens einzulassen. Schöpfe Mut aus der Tatsache, dass du dazu gewillt bist, deine Grundüberzeugungen einer Überprüfung zu unterziehen und Einsichten auszuhalten, die schmerzlich sein können, um die innere Wandlung zu vollziehen, derer es bedarf, um unser Verhalten nach außen hin zu ändern.

Praxis hat ihre eigene Dynamik und ihren eigenen Rhythmus – keine zwei Meditationsperioden sind jemals identisch. Bemühe dich ruhig und beharrlich, dich sanft durch alles zu arbeiten, was die Praxis dir anbietet. Mit der Zeit wirst du feststellen, dass sich auf die Praxis einzulassen das Angenehmste, Faszinierendste und Natürlichste ist, was man tun kann.

Nichts könnte sich mehr lohnen, als sich jeden Tag etwas Zeit dafür zu nehmen, sich von Kartenspielen, Fernsehen, Kriegsgeschichten und der ganzen Negativität loszueisen und einfach nur mit dir selbst zusammen zu sein, deinen Geist zu schulen, deinen Geist zu beruhigen, und zu lernen, glücklich zu sein.

Über den Autor

Calvin Malone wurde 1951 in München geboren; seine Mutter war Deutsche und sein Vater Amerikaner. Im Alter von sieben Jahren zog er mit seiner Familie nach Monterey in Kalifornien, und Calvin, der nur Deutsch sprach, wurde dort in die zweite Klasse eingeschult. Nach einem Jahr in Amerika sprach er bereits fließend Englisch.

Calvin besuchte später das Community College in Walla Walla und studierte danach europäische Geschichte. Außerdem bereiste er ausgiebig Europa.

Kurz nach Antritt seiner Freiheitsstrafe begann Calvin, Buddhismus zu praktizieren, und fing wenig später damit an, über seine Erlebnisse im Gefängnis zu schreiben. Zahlreiche seiner Artikel wurden in buddhistischen Magazinen und Zeitungen veröffentlicht. Er spielte eine wichtige Rolle bei der Einrichtung eines Übergangshilfeprogramms für Häftlinge nach Verbüßung ihrer Haftstrafe und stellt Malas (Gebetsketten) für buddhistische Gefangene im ganzen Land her. Zurzeit schreibt Calvin an einem buddhistischen Roman.

Calvin wurde 1992 wegen schwerer Körperverletzung zu einer 20-jährigen Freiheitsstrafe verurteilt. Seine vorzeitige Entlassung war ursprünglich für Oktober 2009 angekündigt.*

---

* Zum deutschen Erscheinungstermin dieses Buches befand sich Calvin Malone leider immer noch in Haft – die nächste Chance auf eine Entlassung besteht nach seiner eigenen Auskunft nunmehr erst wieder im September 2012 nach Verbüßung seiner gesamten Freiheitsstrafe.

Der Buddha rockt!

Zen-Essays aus ungewöhnlichen Perspektiven vom Zen-Meister und Punkrock-Bassisten Brad Warner. Alles außer Erleuchtung! So könnte man Brad Warners provokatives Zen-Buch umreißen. Hinterfrag' Autorität. Hinterfrag' die Gesellschaft. Hinterfrag' die Realität. Hinterfrag' dich selbst. Hinterfrag' deine Schlussfolgerungen, deine Urteile, deine Antworten. Und wenn du alles gründlich hinterfragt hast, wird dich die Wahrheit vielleicht spontan am Kopf treffen... Aber sie wird nicht das sein, was du erwartest. **Ein Buch für eine neue Generation von Buddhisten!**

Brad Warner
Hardcore Zen
Punk Rock, Monsterfilme
& die Wahrheit über alles
264 Seiten, Broschur
ISBN 978-3-89901-294-1

AURUM
w w w . a u r u m . d e

Freiheit

Aus seiner Gefängniszelle — in der dieses Buch entstand — schickt Satyam Nadeen einen lauten, forschen Weckruf: „Wacht auf in die Freiheit!"
Sehnen wir uns nicht alle nach ihr? Nadeen ist ihr an dem vielleicht unwahrscheinlichsten Ort begegnet. Sie hat ihn ergriffen und seitdem nicht mehr verlassen.
„Es gibt nur Bewusstsein. Du bist nicht der Handelnde." Das ist eine Freiheit, die unabhängig ist von Ort, Umständen oder Gefängnis mauern. Die Freiheit, einfach zu sein — nichts zu tun — und zu wissen, dass alles, so, wie es ist, vollkommen ist.

Satyam Nadeen
Von der Zwiebel bis zur Perle
Broschur, 206 Seiten
ISBN 978-3-933496-35-5

jkamphausen
weltinnenraum.de

...hier geht's weiter!

Verehrte Leserin, verehrter Leser,

wir laden Sie herzlich ein, mit uns neue, inspirierende und multimediale Wege zu gehen.

ONLINE

informieren – austauschen – mitwirken – begegnen

Nutzen Sie die vielen Möglichkeiten unserer Website.

- Info-Pakete & Online-Kurse
- Mitschnitte & Tageslosungen
- Aktionen, Foren & Newsletter
- Communities in „mein.weltinnenraum.de"
- Blogs und Vlogs u. Ä.

Wir freuen uns auf Sie

Ihr

Joachim Kamphausen, Verleger